沈泓 著

紫砂壶里的中国

中国青年出版社

目录

[第一章]

松风竹炉 提壶相呼

——紫砂壶的历史源流之美

- 陶朱公：窑神的传说
- 砂壶始于金沙僧
- 供春制壶海内珍之
- 苏东坡是紫砂壶始祖？

探索紫砂壶起源，当与紫砂壶艺人有关。找到最早的紫砂壶艺人的资料，就可以找到最早的紫砂壶。到底是谁发明了紫砂壶？第一把紫砂壶又是谁始创的呢？

　　紫砂壶的历史文化充满故事和传奇，最为引人入胜的是无数历史文化名人都与紫砂壶结下了不解之缘，其中首当其冲的是窑神、紫砂界的祖师爷"陶朱公"——范蠡，此外还有金沙寺僧、供春、三姑夫人庙僧、始陶异僧等，都曾被当做紫砂壶的创始人，而宋代大诗人苏东坡也曾被当做是紫砂壶的始祖。在中国茶文化史上，苏东坡有所谓"饮茶三绝"的美称，即茶美、水美、壶美，"三美"的落脚点还是壶美。壶美的起点，是紫砂壶的历史源流之美。就让我们走进紫砂壶创始的源头，去寻幽探胜吧。

🍂 陶朱公：窑神的传说

说到紫砂壶的历史文化和名人文化，追踪溯源，还要从陶朱公说起。

陶朱公是谁？外人对于这个名字或许是陌生的，但在紫砂圈和瓷器圈，他可是神一般的人物，事实上，他本身就是神——窑神！他的名字叫范蠡。

有些人可能不认识这个"蠡"字，太生僻了，更别说知道范蠡了，但有一个名字——中国古代四大美人之一的西施，却是尽人皆知的。西施正是范蠡的爱人，西施范蠡泛舟江湖，这一对情侣坎坷曲折的相知相爱经历，写就了中国古代的一段缠绵悱恻的爱情传奇。不仅在古代，就是在今天，这对情侣也堪称天下绝配，一个是富甲天下的财神，一个是沉鱼落雁的美人，女人的梦想、男人的梦想都在这里交集。这样一个传奇人物担任窑神，可谓恰如其分。

"陶朱公"，顾名思义，陶，乃紫砂陶——紫砂属于陶器；朱，乃朱泥——紫砂壶的高端泥料，亦可表紫砂壶的颜色。自古紫砂壶产地宜兴民间传说，"陶朱公"是紫砂壶艺人的祖师爷，是紫砂壶烧制工艺的窑神。这是民间对"陶朱公"望文生义的一种解读。

实际上，"陶朱公"这个名字是范蠡自己取的，是他的自称。当年，范蠡三聚三散，辗转来到齐国西南边界的肥城陶山（山东定陶县），居住于此，自称陶朱公。"陶"，实指陶地，或为隐语"逃"；"朱"，代表红，走红，大红大紫，实乃富翁的象征，或表自己曾做高官；"公"，是对尊长、平辈的敬称，或说自己曾做过公爵。寓意是陶山的一位穿过红袍、做过高官的在逃老人。

古代的民间艺人认定"陶朱公"是紫砂界的祖师爷，是窑神，虽属误会，却也是一个美丽的误会，是他们对浪漫的人及浪漫的事

三友壶（红泥，陈友林作），
获第十六届中国（国家级）工艺
美术大师精品博览会金奖。

的一种浪漫的想象。

宜兴当地传说，春秋时范蠡辅助勾践灭吴后，挂冠不辞而去，改名易姓，漂过太湖，隐居在宜兴丁山的一个叫台山的小村里，即今之蠡墅村。

自从范蠡弃官逃走后，西施日夜思念他。有人说范蠡已经跳太湖自尽了，西施坚信范蠡是不会自寻短见的，她偷偷地跑出皇宫，来到太湖边，雇了一只漂亮的船，在船上扎了彩，挂了花灯，带着自己的琴，随着东风漂流到宜兴的蜀山一带。一天，西施把船停在一个小村的河边，抚琴弹起了一首心爱的乐曲。附近百姓看到漂亮的花船，听到优美的琴声，都围拢来观看，发现弹琴的是个绝色美人，一传十，十传百，很快传遍了附近的乡村，也传到了范蠡的耳朵里。范蠡心想，哪里来的绝色美人呀，除非是西施。范蠡随着众人来到河边，一听琴声，大吃一惊，这曲子是范蠡当年送西施去吴国的途中，为激励西施复兴越国而作的。范蠡跑到河边，西施一见范蠡，高兴得丢下手上的琴，跑上岸来。两人又悲又喜，抱头痛哭，诉说别后之情。此后范蠡和西施在宜兴丁山一个叫台山的村子隐居下来，一说范蠡长期隐居在宜兴丁蜀地区的鼎山、蜀山和汤渡。

范蠡发现当地黄龙山的泥土可以做陶器，就帮助丁山的百姓做坯制陶烧陶器，发展陶瓷生产。他不仅教大家采泥做坯，还教大家筑窑烧陶。俗话说："万事开头难。"范蠡虽然把陶器烧出来了，但烧出的破货较多，烧的不是歪货（陶器变形），就是黄货（陶器没有烧透），而且陶器上有许多裂缝，范蠡一时也找不到解决的办法。传说，受西施烧饭时灶火的启示，范蠡逐步掌握了一套控制窑温的办法，传至窑区，才使鼎蜀窑场兴旺起来，使宜兴成为著名的陶都。说起来还有好多故事呢——

一天，西施淘好米，动手烧饭。范蠡见火苗很旺，窜得很高，心想这不是浪费柴火吗？就把垫在锅底的三块石头拿掉。西施

长乐（黑料泥，蒋建军作），获杭州西湖博览会中国工艺美术大师暨工艺美术精品博览会金奖。蒋建军的原创作品，以吉祥中国印装饰壶身，寓意长乐永康，吉祥如意，

一壶独尊（范惠作），获中国工艺美术大师精品博览会展评金奖，该壶在国内连续获得3项金奖，并被中国陶瓷博物馆永久收藏。2015年10月代表中国紫砂参加法国巴黎首届国际艺术节再获金奖。

说，锅子压在火上，火就烧不旺了。果然，三块石头拿掉后没，火就萎了下去。范蠡想，假如烧窑时泥坯不着地，垫空烧，是不是容易烧透呢？果然，按照此法烧出来的黄货少了，后来人们称这种石头叫"脚石"。又有一天，范蠡做完活回家，西施正在烧饭。烧着烧着，饭锅滚了。西施赶紧把灶里的木柴夹出来，只留几块在里面。范蠡问："为什么把柴夹出来？"西施说："饭烧滚后要闷一闷，要'还火'。如果一直用大火烧，时间短了做成生饭，长了烧焦。"等西施还了火，开锅盛出饭来，粒粒似珍珠。范蠡吃着吃着，突然想：烧陶器不也和烧饭一样吗？如果一直用猛火，米粒吃不消，就烧焦了；陶器吃不消，就烧裂了。假如烧烧，再闷闷，既可烧透，又不会开裂了。真的如此吗？范蠡经过试验，果然成功了。于是范蠡把烧烧、闷闷的方法教给当地百姓，果然紫砂陶器烧得更透，开裂少多了，从此丁蜀窑场按照此法，越来越兴旺。

　　范蠡自号"陶朱公"，宜兴当地人也尊奉范蠡为"陶朱公"，将其奉之为陶业鼻祖，后来他又被制陶业界奉为"造缸先师"。每年阴历四月初七是范蠡生日，这一天，宜兴等地都要隆重庆祝纪念范蠡。古代每年九月初九重阳节，宜兴的陶业工人也有集合纪念陶朱公的礼俗，直到20世纪50年代以前，宜兴的陶业同仁在每年的重阳节都要对陶朱公进行祭祀。

　　"陶朱公"由宜兴波及景德镇等地，陶业界和瓷业界都将范蠡奉之为窑神。据说豫北农村的陶工是从山东定陶过来的，旧时这一带人也敬范蠡为祖师爷，陶工坊里有他的塑像，每年三月半和十月半陶工们要祭祀他，大家还要聚餐，这叫散福。

　　传说中的范蠡行迹所至之地很多，这些地方大多建有祭祀范蠡的祠庙，其中宜兴也有祭祀范蠡的祠庙等遗迹可寻。直到现在，宜兴丁蜀地区的一些人文景观，还被认为与范蠡有关。例如，汤渡到蜀山的运河，有灌溉、运输之利，据传说是范蠡教人修的，故名蠡河；西施与范蠡相会的地方名为"施荡村"；范蠡与西施居住的地方，改名称为蠡墅；在蠡墅崇福寺，古代就塑了范蠡的像，可惜抗战时被日军所毁；在丁蜀东郊西施停泊船的地方造了一座桥，名为"施荡桥"，这里也被认为是当年范蠡和西施泛舟荡桨之处，现为宜兴市级文物保护单位；陶都路南端现建有范蠡与西施的雕塑，以资纪念。

　　关于"陶朱公"范蠡的传说是紫砂壶历史的序幕，揭开了中国紫砂壶文化的精彩一页。西施与范蠡相伴，美人与美壶，绽放后来惊艳出世的紫砂经典——西施壶。

❦ 砂壶始于金沙僧？

　　紫砂壶的创始人是谁，从明代中期以来古代典籍中的记载看，很多人认为是金沙寺僧创造了紫砂壶。

　　《阳羡茗壶系》是明人周高起写的第一本记载宜兴紫砂壶的著作，他在该书《创始》篇里记载：金沙寺僧，久而逸其名矣。闻之陶家云：僧闲静有致，习与陶缸瓮者处，抟其细土，加以澄练，捏筑为胎，规而圆之，刳使中空，踵傅口、柄、盖者，附陶穴烧成，人遂传用。这段古文的意思是说，金沙寺僧时常和做陶缸瓮的相处，选炼紫砂细泥，捏制坯胎，用规范成圆形，挖空其内部，然后加上壶嘴、把、盖，附在窑里烧成，为人们喜用。周高起的这则记载是据当地制陶艺人所说，属于口碑文化性质。这个和尚没有留下姓名，因而引起后人

行吟山水中款紫砂圆壶残件（清乾隆、嘉庆），古代紫砂壶留存很少，最早紫砂壶的考证或只能从残件实物中获得线索和佐证。2005年蜀山窑址出土，南京博物馆藏。

狮子绣球钮六边形紫砂壶盖（清乾隆），2005年蜀山窑址出土，南京博物馆藏。

的追念。在《阳羡名陶录》（吴骞著）和《宜兴县志》等史籍中，都有关于金沙寺僧的记载，吴骞还有诗赞道："金沙泉畔金沙寺，白足禅僧去不还。"

明代初期，宜兴制作的陶器主要还是缸、钵、罐、瓮之类的实用器皿，而宜兴湖㳇山间金沙寺的一位僧人，能制作紫砂茶具，此僧人即周容《宜兴瓷壶记》里所说的"万历间大潮山寺僧"。这位僧人从陶工那里学会了制陶技术，加以改进，做成了精致的紫砂茗壶。但金沙寺僧制作的紫砂壶没有流传下来，现在已无法知道是什么样子。关于金沙寺僧所制的作品，在明清两代的茗壶录里都未见记载。这一点不难理解，寺僧当时制壶，不过是供一时之用，未必想借此留名而成为紫砂壶工艺史上的创始人物。寺僧作壶喜用紫砂泥，制壶的方法比较简单，所制的式样似乎只有圆形一种，而且所制各器，既未款署，也不钤章，当时使用后自然毁损消失，今天已无法见到。即使偶有留存，后人遇见他的作品，也无法辨识。

明代项元汴编著的《历代名瓷图谱》，收录其收藏的宋元明三朝佳器，书中记有六角形及圆形变色壶二器，以为天地间怪诞之物。明代蔡司摆在《霁园丛话》记载：余于白下（今南京）获一紫砂罐（《先进录》曰：俗称壶为罐也），有'且吃茶，清隐'草书五字，知为孙高士遗物，每以泡茶，古雅绝伦。据《松江县志》称：孙高士即孙道明，字旺叔，号清隐，华亭（今上海）人，生于元大德元年（1297年），在元代生活了70年。这就明确证实，紫砂壶在元代已存在，并在壶上镌刻铭文，否定了明代金沙寺僧为宜兴紫砂壶始祖的结论。

关于紫砂壶的起源，明人周高起在《阳羡茗壶系》中还记载了"始陶异僧"的传说，也是紫砂泥被发现的故事：相传壶土初出用时，先有异僧经行村落，自呼曰卖富贵，土人群嗤之。僧曰："贵不要买，买富何如？"因引村叟山中产土之穴，去及发之，果备五色，灿若披锦。这则流传于宜兴陶工的传说，难以考证其记录的是宋代、元代，还是其他时代，但它从一个侧面说明了紫砂泥在明代或明以前早已开始应用的情况。

直筒双系紫砂壶残件
（清中期），2005年蜀山窑址
出土，南京博物馆藏。

🌀 供春制壶海内珍之

　　金沙寺僧只是一个传说，是否真是他创制的紫砂壶，学术界并不认同。说到紫砂壶的始创人，学术界有些学者认为是明代的供春。供春的作品，传器有失盖树瘿壶，壶把下署有"供春"两篆字。

　　据邓之诚 1926 年 11 月出版的《骨董琐记》记述："砂壶始于金沙僧，团此泥作壶具，以指螺纹为标识，供夫见之遂习其技。"书中提到的"供夫"即供春。这段文字记载了供春从金沙僧处学到的制壶本领。据《宜兴县志》和其他有关的记载，明正德年间（1504 ~ 1521年），陶都宜兴出现了卓越的匠师供春，他是从金沙寺僧学到的制壶技艺。因此，金沙寺僧和供春通常都被尊为紫砂陶的创始者，时人称之为"陶壶鼻祖"。

　　明代周容在《宜兴瓷壶记》中写到："今吴中较茶者，必言宜兴瓷，始万历，大朝山寺僧（即金沙寺僧）传供春者，吴氏小吏也。"

供春壶（段泥，王庭梅作）及底款，茗壶奇石工作室主人熊艳军藏。

11

供春和吴氏是何许人呢？《宜兴县志》记载：供春是明正德年间（1504～1521年）提学副使吴颐山随带的书童。

供春，亦名"龚春"。于琨《重修常州府志》："宜兴有茶壶，澄泥为之，始于龚春。"清吴骞《阳羡名陶录》："世以其系龚姓，亦书为龚春。"还有人将两者相加，认为供春应名"龚供春"。如李景康、张虹合著的《阳羡砂壶图考》中写到："梅鼎举其名，故曰'龚春'，是由姓龚名供春无疑。"这是"龚供春"一说的来历。

龚春少时为吴颐山的伴童。吴颐山为了专心准备考试，带着书童前往金沙寺闭门读书。龚春陪读于金沙寺，随侍给使之暇，拜金沙寺僧为师学制砂壶，学习老僧的制壶方法。当时紫砂泥的价格很高，龚春作为书童买不起泥，于是他从老和尚洗过手的缸里捞出一些沉淀的陶土，经过反复的筛、洗、压、碾，最终形成紫砂泥料。一日，龚春在园中玩耍，见院内参天银杏的树瘤十分别致，于是就想照样捏一把壶。他没有工具，就用茶匙挖空壶体，之后用手指按平胎面，成型的壶面上就留有"指螺纹可按"的痕迹。整个壶身浑然天成，造型惟妙惟肖，把银杏树的盘根错节，树瘤的多姿表现得淋漓尽致，特别是壶上的指纹，交错重叠，透着灵气，甚是可爱，配之黝黑的紫砂，全壶尽显古朴和高雅。据传，当时老僧人看过之后，喜出望外，收下龚春为徒，倾囊相授，并命名其壶为"供春壶"：一是取供奉春神之意，二是取龚春的谐音。

在宜兴民间还有很多关于龚春的传说。传说龚春是穷人家的孩子，从小天资聪颖，手脚勤快，常到离家不远的一座小庙内玩耍，顺便帮着老和尚做些杂活。老和尚很喜欢他。老和尚是远近闻名的制陶师傅，所以龚春长到十七八岁时，他爸领着他到庙里，要孩子拜老和尚学手艺。老和尚连连拒绝："难呵，学会这个行道，也难混到碗饱饭吃。"其实是怕传了手艺，丢了饭碗。龚春拜师不成，就千方百计留心学，刻苦记，还把老和尚制作的大小壶样默绘成图，以

后就自己动手制作茶壶。没有好泥，他就挖地下深处的泥土来做。

　　一天夜晚，龚春看到月光照在桃树虬枝节疤上的投影十分别致，看着看着，忽然心里一亮：这不正像一把从未见过的新式茶壶么？原来最早的紫砂茶壶都是光坯，龚春决心闯一条新路。紫砂泥只有丁山镇黄龙山洞里才有，可是价钱太贵，龚春买不起。他想了又想，突然想起老和尚制壶后每天洗手的小水潭来。急忙赶到那里，伸手往水里一捞，小水潭里果然淤积了厚厚一层极细极柔的紫砂泥。他喜出望外，急忙用木勺舀在盆里，不厌其烦地筛、淀、压、碾，制成干湿相宜的精料。龚春制作的这把茶壶开创了紫砂工艺的新风格：壶身酷似桃树虬枝的节疤，苍老道劲。壶嘴和壶把都有小技配置，自然天成。壶身两侧堆以怒放的桃花和修长的桃叶，维妙维肖，几可乱真。再配上黑黝黝的紫砂，色调古朴高雅，。

　　龚春捧着新制的茶壶，恭恭敬敬地去请教老和尚。老和尚见了，双目一亮，连声赞叹："好壶，好壶！后生可畏！"当即取名为"供春壶"。消息传到知府那里，贪婪的知府大人特地把龚春请去制壶。龚春原本是从不巴结奉承权贵的，谁知这回见了知府大人后，竟破例允诺了。他用了整整三个月时间，精心制成了一把别具一格的荷莲蛤蟆壶。这把壶用曲卷的荷叶做壶身，用莲蓬为盖，更奇特的是盖顶立着只张着大嘴的癞蛤蟆，活象知府大人的那副尊容。该壶做工细致，栩栩如生，成了紫陶工艺的又一杰作。

　　民间传说与史料记载虽不尽相同，但也大同小异。

　　供春淘细泥抟坯，在创作造型上力求创新，对紫砂制壶技术加以改进提高，将陶人造缸之内模法移用于制壶，其新制茗壶，款式不一，皆周正古朴，堪称典范。所以供春的作品当时就被赞美为："栗色暗暗，如古金铁，敦庞周正，允称神明垂则矣！"清康熙年间徐喈凤主持编撰的《宜兴县志》记载："供春制茶壶……海内珍之，用以盛茶不失元味，故名公巨卿、高人墨士恒不惜重价购之。"《阳羡

供春壶（原矿老段泥，陈友林作），获第六届北京国际文化创意产业博览会大师精品展金奖。

茗壶系》作者明人周高起也说："予于吴 卿家见大彬所仿，则刻供春二字。"

　　作为童仆，供春未必能自己题铭，很有可能为吴颐山代笔。供春后来"久而成名"，《五石瓠》记载："其弟子所制更工，声闻益广"。成名后的供春不再做仆人，专司制壶，还带徒授艺。供春的成名和主人吴颐山有关，受到吴颐山的文化熏陶和指点。吴颐山是文人，紫砂壶从其草创期起，文人就直接或间接地参与了创作。这一传统一直延续，生生不息。

　　关于龚春或供春，史料中也有人认为他不是男子，而是女性。如明末江阴周高起就认为供春是女性，周高起说："供春，人皆为龚春，予于吴炯卿家见时大彬所仿，则刻'供春'二字，足折聚讼云。"周澍《台阳百咏》注："供春，吴颐山婢名，制宜兴茶壶，或作'龚春'，误。"

周高起在《阳羡茗壶系》中明确说："'供春'，学使吴颐山家青衣也。"周高起和周澍都是明确认为供春是女性。但吴骞坚持认为供春是男性："颐山名仕，以提学副使擢四川参政，供春实颐山家童，而周系曰青衣，或以为婢。并误。今不从之。"吴骞直接否定了周高起对供春性别的论断。当代也有学者考证，认为供春是吴仕之父吴纶的婢女，她从小就跟着吴纶。吴纶字大本，以子仕贵封礼部员外郎，雅志山水，天天与骚人墨士往来，性喜茶。供春创作的茶具是吴纶命名为"供春"，一经命名，古雅绝伦。

供春究竟是男还是女，这并不重要，重要的是他在宜兴紫砂的历史上是一位承上启下并开创了"艺术紫砂"的代表。供春将一般日用品的紫砂陶，提高为既实用又具有艺术欣赏价值的工艺陶。供春的功绩是多方面的，供春发展了紫砂的工艺技法，"削竹为刃、斫木为模"，创制了专用工具。供春建立了紫砂最初的造型体系，制作了"龙带"、"印方"、"抽角印方"诸式茶具。据后人研究，供春还制作过"茶盏"，说明供春还擅长于杯碟类的紫砂陶创作。可以说，"供春"是一个紫砂陶的艺术体系，这个体系还留给了后人以进行无穷创作的广阔天地。

供春的紫砂壶艺术在明代就得到高度评价。明文学家张岱的《琅嬛文集》中对供春的茶壶是从壶的气质神韵上去认识的："古来名画，多不落款。此壶望而知为供春也，使大彬冒认，敢也不敢。"张岱在《梦忆》中说供春的砂罐，"宜兴罐以龚春（供春）为上，……直跻商彝周鼎之列而毫无惭色。"文学家周澍说供春壶"一具用之数十年，则值金一笏。"在《项氏历代名瓷图谱》中所描述的供春变色壶，更带有了传奇色彩：如此壶者，本褐色也，贮茗之后则通身变成碧色。酌浅一分，则一分还成褐色，茗斟完，则通身变成褐色矣！岂非造物之奇秘，泄露人间，以为至宝。清初吴梅鼎撰的《阳羡茗壶赋》序言里写到：余从祖拳石公（指吴梅鼎的上祖吴颐山）读书南山（即指金沙寺），携一童子名供春，见土人（应是当地制陶工人）以泥为缶，即澄其泥以为壶，极古秀可爱，世所称供春壶是也。

供春是中国紫砂工艺史上第一个被记载下名字的大师傅。可惜供春紫砂壶早在清代吴骞编《阳羡名陶录》时就未曾见过了，吴梅鼎为之终身遗憾。稍后的文人、紫砂壶收藏家张廷济，也在《清仪阁杂咏》中感叹：这个瑰宝，世间已经不复存在了！中国国家博物馆收藏、由储南强捐献的供春款树瘿壶，其制作技法和烧成工艺都不像是草创期的作品，是否供春壶，尚待论证。不仅供春，就连供春之后进——万历年间的董翰、赵梁（赵良）、元锡（袁锡、元畅）、时朋（时鹏）、李茂林（李养心）等都未见有传器，只见于史料，这不能不说是紫砂壶文化的一个遗憾。但遗憾留下神秘，神秘又为紫砂文化留下了扑朔迷离之美。

苏东坡是紫砂壶始祖？

也有人认为，紫砂壶的创始人不是明代的金沙寺僧，也不是明代的供春，而是比明代更早的宋代的苏东坡。

早在清代，就有人提出此论。清代乾隆年间的宜兴蜀山人潘埠，字士珩，号裔溪，所著《腾㝊续集 再考陶壶记》中指出：最早的陶壶创始人不是金沙寺僧及其徒弟供春，因为金沙寺僧的制壶手艺是从蜀山三姑夫人庙僧传授而来，三姑夫人庙僧制作的陶壶，则是北宋大诗人苏东坡择居宜兴蜀山时设计的。苏东坡设计的陶壶式样，可以从元代大画家倪瓒写真的《庙僧制壶图》得到印证。潘埠以其

竹韵含香提梁套壶（拼紫泥，680CC，王国祥作）

博览群书，广辑论据，特别强调指出：口碑载道是胜过捧唱的虚伪石刻及制版文字的。他还记录了有关陶民对苏东坡吩咐三姑夫人庙僧作陶壶的传记及其陶壶的式样。说苏东坡是紫砂壶创作人，合情合理，也符合苏东坡酷爱饮茶的兴趣和习惯。

宜兴自古出产名茶，据《宜兴县志》载：境内有名山136座。宜兴的国山芬茶始于三国孙吴时代，到唐朝，皇室将宜兴名茶列入贡茶之一。唐代最著名的贡茶院设在湖州长兴与常州义兴（即宜兴）交界的顾清山，每年役工数万人，采制贡茶顾诸紫笋达万斤以上。《宜兴县志》载：顾清贡院建于唐代宗大历五年（公元770年）至明洪武八年（1375年），兴盛时期长达650年。宋人蔡宽夫在《诗话》中云：湖州紫笋茶出顾诸，在常、湖（指常州和湖州）两郡之间，以其萌苗紫而似笋也。每岁入贡以清明日到，选荐宗庙，后赐近臣。

在名茶胜地，苏东坡在《次韵完夫赠之什，某已卡毗邻与完夫有庐里之约》诗中写到阳羡好茶：

堆雕菊花提梁壶
（佚名，清，南京博物院藏），壶通高15.6厘米，口径5.9厘米。造型寓方于圆，壶身四面堆贴木刻版印团菊纹，玲珑俊巧。底、盖皆无款印。

柳絮飞时笋捍斑，风流二老对开关。

雪芽为我求阳羡，乳水君应饷惠山。

竹革凉风眠昼永，玉堂制草落人间。

应容缓急烦间里，桑括聊同十亩闲。

　　宜兴不仅有名茶，还有煎茶的良泉。宋代从徽宗帝到士大夫都提倡品茶，细吸慢饮，鉴别优劣，欣赏品味。认为山水上，江水中，井水下。用宜兴的金沙泉水煮的茶，味醇、形美、色翠，因此金沙泉水也列为贡品，与贡茶同时专程由水路运往京城长安。

　　苏东坡谪居宜兴蜀山讲学时，非常讲究饮茶，苏东坡在《调水符》的诗序中写道：爱玉女洞中水，既置两瓶，恐后复取为使者见给，因破竹为契，使金沙寺僧藏其一，以为往来之信，戏谓之调水符。其诗云：

崔提壶（段泥，施小马作），茗壶奇石工作室主人熊艳军藏。

欺漫久成俗，闹事有弃糯；谁知南山下，取水亦置符。古人辨淄混，校若鹤与免；吾今既谢此，但视符有元。常恐汲水人，智出符之余；多防竟无及，弃直为长吁。

　　苏东坡经常派书童从蜀山到金沙寺去挑水，日子一久，书童苦于往返劳顿，就从半途的丁山取水回去。可是用丁山的河水烹的茶，苏东坡一尝就能辨出来。为了饮到金沙泉水烹的茶，他就想出一个法子，事先与金沙寺老僧商量好，将一块竹牌一劈为二，为竹制桃符，一交老僧，一交书童，到金沙寺取水，他们必须交换，这样书童就无法偷懒了。

　　连烹茶的水都要如此讲究的苏东坡，当然对泡茶的壶当然更不能将就。苏东坡用的茶叶必须是阳羡唐贡茶，烹茶的水一定要是金沙泉水，茶壶一定要是紫砂提梁壶。在中国茶文化史上，苏东坡有所谓"饮茶三绝"的美称，即茶美、水美、壶美。

对于饮茶人来说，达到其中一美已经不易，三美皆备，是苏东坡对饮茶近乎苛刻的完美追求，而这三美兼备，惟有宜兴才能达到。或许这正是苏东坡来到宜兴，并长期滞留于此，恋恋难舍的原因。苏东坡对饮茶文化完美追求，对"壶美"的苛求，导致他一度放弃吟诗作文，乃至甘愿沦为整天与泥巴打交道的普通窑工，沉迷于用手工捏制出一把紫砂壶——东坡提梁壶，这种痴迷导致的结果是完全有可能的。

但这一切还不足以证明苏东坡是宜兴紫砂壶的始祖，人们需要有实物遗存佐证。

1976年基建施工中，宜兴丁蜀镇羊角山蠡墅宋代龙窑窑址发掘出高颈六方壶、平盖龙头双条把壶，此外还有一把提梁壶，该壶亦称东坡提梁壶、东坡壶，学者认为该壶正是苏东坡设计的实物遗存，从而苏东坡设计提梁壶得到了实物证实。

现在学界几乎一致认可，提梁式紫砂壶是苏东坡在蜀山居住期间亲自设计的。他烹茶审味，怡然自得，因此在提梁壶上写下了"松

紫砂滤芯残件（清乾隆），紫砂滤芯放置于紫砂壶内，用以过滤茶叶。该紫砂滤芯残件为清乾隆时期作品，2005年出土于蜀山窑址，南京博物院藏。

风竹炉，提壶相呼"的诗句。每当茶后，他总要捧着这把紫砂提梁壶玩赏一番，壶身久而色泽生光明，更觉神奇，视为珍宝。有资料描述苏东坡因此写下了诗句："青烟白菜炒米饭，氏壶天水菊花茶。"此诗句是否为苏东坡所写，笔者尚未考证，但清代书画家郑板桥确书有一联："白菜青盐糙米饭，瓦壶天水菊花茶。"

笔者认为，无论金沙寺僧、供春、三姑夫人庙僧，还是苏东坡，都不能称为是宜兴紫砂壶的创始人，更不能称为始祖。只能说他们制作的紫砂壶在历史上有具体史料记载，但都没有留下可以确证是他们亲手制作的紫砂壶实物，供春壶、东坡提梁壶，都只是一个以他们名字命名的紫砂壶样式。

仅仅凭东坡提梁壶样式，就论断苏东坡是紫砂壶创始人，是不确切的。东坡提梁壶并非凭空而生，在史料中和传说中，都说明了苏东坡创作东坡提梁壶是因为他嫌当时的宜兴紫砂壶太小，他需要大壶，才创作了东坡提梁壶。这说明，在此之前，宜兴紫砂壶早已存在，既然紫砂壶在东坡之前早已存在，就不能认为苏东坡是紫砂壶的创始人。

而考古发现也不支持金沙寺僧、供春、苏东坡是紫砂壶创始人之说。据考古发掘的资料记载，在宜兴丁蜀镇附近，发现新石器时代古窑遗址五处、西汉窑址三处、六朝窑址三处、隋唐五代窑址九处、宋元窑址二十处、明清窑址六十余处。

既然新石器时代宜兴就有古窑遗址，且西汉、六朝、隋唐五代时期都有古窑遗址发现，说明宜兴紫砂壶的制作是有延续性的，宜兴陶制品历史悠久，远在金沙寺僧、供春、苏东坡之前，就有紫砂壶制作，因此他们都不能称为紫砂壶创始人。要说宜兴紫砂壶创始人，当在新石器时代，更为客观真实。不过，金沙寺僧、供春、苏东坡与紫砂壶的关系，无论是传说，还是史料记载，都为宜兴紫砂壶的历史渊源增添了人文色彩。

[第二章]

喜共紫瓯吟且酌

—— 紫砂壶的人文文化之美

- 宋代诗人偏爱紫砂壶
- 茗壶奔走天下半
- 林古度作陶宝肖像歌
- 文人饮茶 一日何可少此
- 一壶千金几不可得

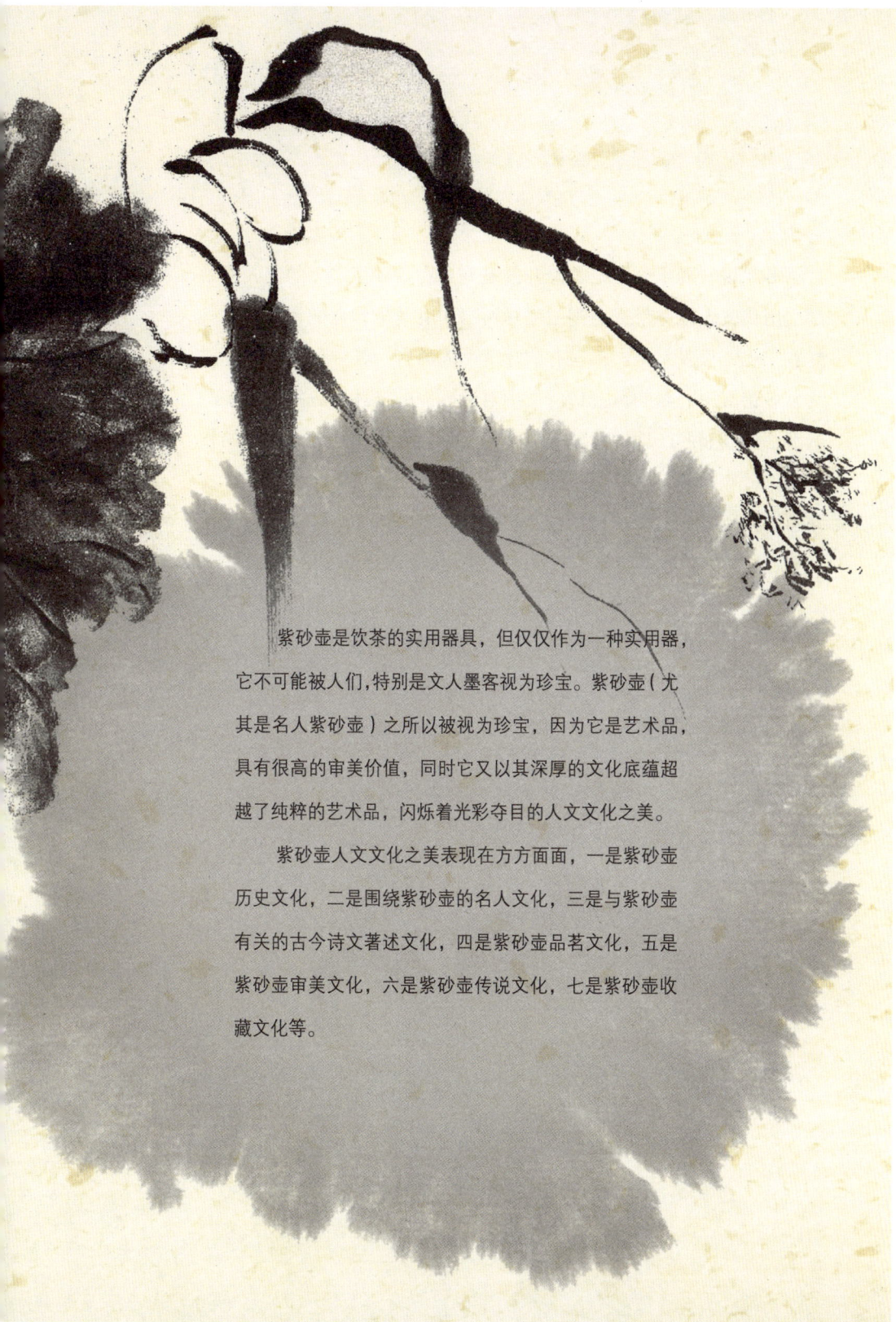

紫砂壶是饮茶的实用器具，但仅仅作为一种实用器，它不可能被人们，特别是文人墨客视为珍宝。紫砂壶（尤其是名人紫砂壶）之所以被视为珍宝，因为它是艺术品，具有很高的审美价值，同时它又以其深厚的文化底蕴超越了纯粹的艺术品，闪烁着光彩夺目的人文文化之美。

　　紫砂壶人文文化之美表现在方方面面，一是紫砂壶历史文化，二是围绕紫砂壶的名人文化，三是与紫砂壶有关的古今诗文著述文化，四是紫砂壶品茗文化，五是紫砂壶审美文化，六是紫砂壶传说文化，七是紫砂壶收藏文化等。

宋代诗人偏爱紫砂壶

　　如果说"陶朱公"范蠡撩开的是笼罩在紫砂壶之上的美人面纱，那么历代文人骚客带来的则是喷涌而出的有关紫砂壶的诗文，尤其是在宋代，很多大诗人都写有歌咏紫砂壶的诗，其中一些诗句更成为紫砂诗文中的名句。古代诗文中对紫砂壶的描述，包括紫砂壶的起源、紫砂壶的产地、紫砂壶的外形、紫砂壶的质地、紫砂壶的作者、紫砂壶的使用、紫砂壶的品鉴、紫砂壶的风俗等，构成了丰富多彩的紫砂壶文化。关于紫砂壶的起源，目前还没有一个确切的定论。我们探索宜兴紫砂壶起源的时候，大多也是从古代诗文中了解。

　　有人说唐代末年出现了紫砂壶，持此论者就是根据对古代诗文的研究，认为唐代以前茶器与食器不分，随着饮茶风气的普及，茶器日趋工巧，唐代出现了以紫砂泥为原料，经艺人精心制作的紫砂壶，其壶颜色紫红，质地细柔，造型古朴，泽地典雅，贵如鼎彝。唐代

高仿古壶（原矿墨绿泥，陈友林作），获第十六届中国工艺美术大师精品博览会金奖。

高石瓢壶（原矿大红袍，陈友林作），2015年被无锡市博物馆收藏。

诗文中，描写宜兴已是闻名的产茶基地。唐代宜兴有很多名茶，年年纳贡，供皇府上下享用。唐代"茶仙"卢仝在《茶歌》诗中写到：

天子须尝阳羡茶，百草不敢先开花……一碗喉吻润，两碗破孤闷。三碗搜枯肠，唯有文字五千卷。四碗发轻汗，平生不平事，尽向毛孔散。五碗肌骨清，六碗通仙灵。七碗吃不得也，唯觉两腋习习清风生。

诗中所写的阳羡，即宜兴（宜兴古称阳羡）。从卢仝的诗中，可见唐代宜兴就出好茶名茶，连皇帝都喜欢喝宜兴茶。

宋代有大量诗文描述紫砂壶，"紫泥"一词已出现在北宋诗人的题咏中。如在宋代诗人梅尧臣有"紫泥新品泛春华"诗句。诗中的"紫泥新品"，描绘的就是用紫砂陶壶烹茶，这被认为是紫砂陶登上茶文化殿堂的最早记录，可见宋代的紫砂壶已在文人中广为使用。

宋代文豪欧阳修（1007～1072年）在《和梅公仪尝茶》诗中提到了紫瓯，诗中有"喜共紫瓯吟且酌"，其"紫瓯"即紫砂壶。

仿古（范惠作）

福在眼前（蒋建军作）

溪山击鼓助雷惊，逗晓雪芽发翠茎。

摘处两旗香可爱，贡来双凤品尤精。

寒侵病骨唯思睡，花落春愁未解醒。

喜共紫瓯吟且酌，羡君潇洒有余情。

米芾（1051～1107 年）在《满庭芳·咏茶》词中，也提到了"紫瓯"。

雅燕飞觞，清谈挥　，使君高会群贤。

密云双凤，初破缕金团。

窗外炉烟自动，开瓶试，一品香泉。

轻涛起，香生玉乳，雪溅紫瓯圆。

　　同时代的三个诗人在诗词中都提到"紫瓯"，与"紫泥新品"一样，"紫瓯"历来都被认为指的是紫砂壶和紫砂茶具。紫砂壶起源于北宋之说，正是依据这些诗文中提到的茶具名称。但是学术界也有人认为，"紫瓯"是紫泥茶碗，而不是壶；还有人认为当时紫色的茶具并非紫砂，而是另一种陶瓷茶盏。论据是宋代人们饮茶还不是沏泡茶，而是茶饼烹点，烹点是把茶饼碾细放到茶盏里用开水冲，无论采用煎茶法，还是点茶法，烹点都是采用碗、盏、瓶，而很少有史料提到壶。所以"紫瓯"等即使是紫砂泥所作，也还不是今天紫砂壶的形式，而是斗茶用的盏、碗或煮茶的罐。

　　宋代还有一些文豪在诗词中称颂紫泥新品、紫砂罐等题颂，这已被一些文稿引为宜兴紫砂器创始的佐证。如宋代的苏东坡、蔡襄

高汉方壶（底槽清，450CC，王国祥作）

汉方壶（底槽清，400CC，王国祥作）

等大文豪也留下了一些咏茶名篇名句。

1976年，宜兴蠡墅羊角山附近发掘出了一座长约10米、宽约1米的宋代古龙窑，里面有大量早期紫砂陶残器。经南京大学历史系和南京博物院鉴定，这座紫砂古窑始于北宋而盛于南宋。这证实了宜兴紫砂宋代已有。《宜兴羊角山古窑址调查演示文稿》所下的结论为"上限不早于北宋中期，盛于南宋，下限延至明代早期。"并引用北宋梅尧臣"紫泥新品泛春华"，苏东坡的"松风竹炉，提壶相呼"为其依据，认为宜兴紫砂器已获得当时嗜好饮茶风尚文人的称颂。此外，镇江博物馆在南宋废井中曾发掘到紫砂壶罐等器皿（其实这是两件砂货上釉小油壶），有人也以此作为紫砂陶始于北宋的佐证。

现在学术界比较认同的观点是，宋代已有紫砂器具，产于宜兴。至于这些紫砂器具是否是紫砂壶，有不同观点。笔者认为，这些紫砂器具即使不是紫砂壶，也应是紫砂茶具。紫砂器在宋代显露头角，但产品多为民间粗货，尚未得到士大夫阶层的普遍赏识。在元以至明代前期的500多年间，有关紫砂器的诗文描述和记载似乎还没有宋代多，这些记载表明，元代已流行使用紫砂茶具。到明朝正德年后，紫砂壶生产和使用走向了全面繁荣。

茗壶奔走天下半

从古代诗文中可见，明代时期，宜兴紫砂壶就已风行天下。明代紫砂壶研究专家、诗人周高起在一首诗中写到："荆南土俗雅尚陶，茗壶奔走天下半。"荆，是指宜兴县城内大河名荆溪，荆溪之南，紫

长嘴圆腹平盖壶。胎色乍蓝乍紫，风化包浆，明末清初，佚名。龙之堂黄素量藏。

翘嘴圆壶。短翘嘴，平盖，胎质含粗细砂表现出加固之特征，底款"士衡"（明末清初徐友泉）。

　　砂壶产区在宜兴县南部，故名荆南。"茗壶奔走天下半"，表示当时宜兴紫砂壶已经畅销风行半个中国。

　　周高起的这首诗《过吴迪美 朱萼堂看壶歌兼吴贰公》，收录于他撰写的《阳羡茗壶系》一书"附录"。诗题中的吴迪美及诗中的吴郎，是吴仕（即吴颐山）一脉中吴正己的儿子吴洪化，即吴仕的裔孙。吴洪化，字贰公，明崇祯九年举人，国朝官教论，著有《屑云词》。明亡后，吴洪化在龙池澄光寺削发为僧，皈依佛门。他酷爱收藏，收藏有大量紫砂壶。诗题中的朱萼堂是吴仕故居的第二进，是藏书、藏壶、交友的著名场所。周高起的这首诗，记录了应吴化洪之邀，

标准壶,底款"允公"（明末清初紫砂壶艺术家）。此壶手工凸凹不平，风化包浆，壶嘴与壶腹内贴圆泥加固，为明代紫砂壶的内工法。此壶被藏家称为标准壶之祖，形制年代最早。龙之堂黄素量藏。

小圆壶,朱砂泥，腹款"孟臣"（明末清初紫砂壶艺术家）。此壶薄胎，篆刻未透薄胎，极不易。留有长年泡茶痕迹。龙之堂黄素量藏。

在朱尊堂观摩、欣赏吴家世代珍藏的紫砂名家名壶的情况，借壶抒情。

新夏新晴新绿焕，茶室初开花信乱。

羁愁共语赖吴郎，曲巷通人每相唤；

伊予真气合奇怀，闲中古今资评断，

荆南土俗雅尚陶，茗壶奔走天下半。

吴郎鉴器有渊心，会听壶工舣事判。

源流裁别字字矜，收贮将同彝鼎玩。

再三请出豁双眸，今朝乃许花前看。
高盘捧列朱萼堂，匣未开时先置赞。
卷袖摩挲笑向人，次第标题陈几案。
每壶署以古茶星，科使前贤参静观。
指摇盖作金石声，款识称堪法书按。
某为壶祖某云 ，形制敦庞古先灿。

长桥陶肆纷新奇，心眼欹 多暗换。
寂寞无言意共深，人知俗手真风散。
始信黄金瓦价高，作者展也天工窘。
技道曾何波此分，空堂日晚滋三叹。

从诗中可以看出，周高起嗜茶爱壶，如痴如迷，吴仕故居"朱萼堂"在当时俨然一座紫砂壶博物馆，正是经过多次参观、研究、探讨这座紫砂壶博物馆，经过与吴化洪及其兄弟的多次交流，周高起完成了《阳羡茗壶系》这一紫砂壶的巨著。

周高起，字伯高，江阴人。生活在明万历、崇祯、天启年间。他博闻强记，工古文辞，曾与徐遵汤同修《江阴县志》。明亡后，居由里山，游兵突然而至，将他抓获，周高起"怒詈不屈，死。"周高起精于收藏鉴赏，尤爱壶艺，对宜兴紫砂壶深入研究，撰写了我国第一部宜兴紫砂专著《阳羡茗壶系》，全书分为《创始》《正始》《大家》《名家》《雅流》《神品》《别派》等章，将紫砂从初创到发展、兴盛的过程以及各阶段的名工名匠逐一记述，考订其生平、艺术风格、所见传器等。《阳羡茗壶系》这部专著影响了之后的《阳羡名陶录》《阳羡砂壶图考》等书的写作体例，在紫砂史上影响深远。为了写这部专著，他曾寓居宜兴，与宜兴的文人、艺人尤其是与吴仕（颐山）的后人密切交往交流。《过吴迪美 朱萼堂看壶歌兼吴贰公》这首诗就是描写了这些情况。从诗中可见，明代紫砂壶在宜兴已经十分兴旺，不仅"茗壶奔走天下半"，而且"始信黄金瓦价高，作者展也天工窜"，说明当时名家紫砂壶的价格不断上窜，已成天价。

这些情况，在其他诗人的诗中得到相互印证。一首诗，不仅表现了紫砂壶诗文文化之美、紫砂壶名人文化之美、紫砂壶历史文化之美，还表现出紫砂壶审美文化之美。

🌀 林古度作陶宝肖像歌

在《阳羡茗壶系》附录中收录了明末清初诗人林古度写的诗歌《陶宝肖像歌为冯本卿金吾作》，诗中写到："荆溪陶正司陶复，泥沙贵重如珩璜。世间茶具称为首，玩赏揩摩在人手。"表示当时高档紫砂泥已经贵过古代玉器（玉珩和玉璜）。"世间茶具称为首"是对宜兴紫砂壶的高度评价，据说这一评语经乾隆皇帝亲身体验后认可，从此不胫而走，成为宜兴紫砂壶的广告语。诗中写的"陶正"，是督造贡陶之官名，专门管理陶业生产。由此可推知，明代宜兴已由官方派官或地方官吏兼作陶正，督造皇室御用紫砂壶和紫砂器物。

林古度（1580～1660年），字茂之，号那子，别号乳山道士，福建福清人，明末清初著名诗人。林古度出生书香门第，长年寓居金陵，明亡后以遗民自居，"入清不仕，身佩万历钱一枚，以示不忘故国"，因才华学问好，被时人称为"东南硕魁"。晚年穷困潦倒，在乳山挖一空穴，称为"茧窝"，躺到穴里，死了免得下葬。康熙甲辰（1664年），林古度托付友人王士禛选定诗作，王士禛临死之前托

圆壶。朱泥，梨皮，薄胎淋
浆，平凹底，底款"孟臣"
（明末清初紫砂壶艺术家）。
龙之堂黄素量藏。

付弟子刊印了《林茂之诗集》上、下两卷。

　　《陶宝肖像歌为冯本卿金吾作》开篇就写到了紫砂壶的历史，点到了紫砂壶早期的两位最重要的人物："昔贤制器巧含朴，规仿尊壶从古博。我明供春时大彬，量齐水火抟埴作。"表明紫砂壶由供春创始，时大彬完善，而到明末"作者已往嗟滥觞，不循月令仲冬良"。此时紫砂壶工艺成熟了，紫砂壶艺人较多，常年生产。林古度在诗中表面上写的是紫砂壶，其实是在写人品。"义取炎凉无变更，能使茶汤气水清。"表面看来，是写紫砂壶不受冷暖影响，能发茶之色香味。实则引申到人间世态炎凉会导致人情冷暖，而紫砂壶不会，紫砂壶不仅不会因世态炎凉而变化（或人情冷薄，或趋炎附势，或卖友求荣），而且能依然清者自清。"气水清"说的是茶，实则喻人的品格和气节。正因为紫砂壶有如此品格和气节，所以"粉锡型模莫与争"，即瓷壶、锡壶都不能与之相比。"动则莫持慎捧执，久则色泽生光明。"这是写紫砂壶的保养收藏，把玩养壶。养壶，需要经常摩挲把玩，才能使其色彩显得古雅光润。

诗中还赞赏了紫砂壶艺术家徐友泉的高超技艺，"近闻复有友泉子，雅式精工仍继美。常教春茗注山泉，不比瓶罍罄时耻。"其紫砂壶作品堪比古代的"瓶罍"，不仅如此，"以兹珍赏向东吴，胜却方平众玉壶。"言明徐友泉的紫砂壶技艺超过了名家玉壶。

徐友泉（1573～1620年），名士衡。徐友泉是时大彬高足，他的拜师学艺还有一段故事呢。徐友泉的父亲喜欢时大彬的壶，于是请大彬到家中来做壶。周高起《阳羡茗壶系》中描述了这个故事："一日强大彬作泥牛为戏，不即从，友泉夺其壶土，出门而去。适见树下眠牛将起，尚屈一足，注视捏塑，曲尽厥形。携以示大彬，一见惊叹曰：'如子之智，异日必出吾上。'因学为壶。"徐友泉在捏泥制陶方面的灵气和天赋，使他在后来的紫砂壶创作中崭露头角，"仿制

龙之堂黄素量藏壶。平盖瓮壶。平盖短流，为明末清之造型，底款"孟臣"（明末清初紫砂壶艺术家）。

古尊罍诸器、配合土色所宜，毕智穷工，移人心目。"他制的壶款式造型极多，配色尤妙，"种种变异，妙出心裁"。当时的文人对徐友泉的壶艺评价很高，把时大彬、李仲芳与徐友泉并列"壶家妙手称三大"。而徐友泉成为紫砂壶艺术大师后，虽名震紫砂界，却有自知之明，"晚年恒自叹曰：'吾之精，终不及时之粗。'"认为自己不及师父时大彬。明末吴梅鼎在《阳羡茗壶赋》中，论及诸位大家，谈到徐友泉："若夫综古今而合度，极变化以从心，技而近乎道者，其友泉徐子乎！"可见其评价之高。

"癖好收藏阮光禄，割爱举赠冯金吾。金吾得之喜绝倒，写图锡名曰陶宝。一时咏赞如勒铭，直似千年鼎彝好。"难怪冯可宗要爱不释手，称之为"陶宝"，并且引来文人骚客"一时咏赞"、"直似千年鼎彝好"了。诗中写到的阮光禄，是这把"陶宝"壶的原藏家。

阮光禄（1587～1646年），即阮大铖，光禄大夫，掌顾问应对，明时升为一品，因阮大铖以进士居官，一度曾任太常少卿，故称为"阮光禄"。阮大铖，字集之，号圆海、石巢、百子山樵，桐城（今安徽枞阳藕山）人。著名的戏曲家，所作传奇今传有《春灯谜》《燕子笺》《双金榜》和《牟尼合》，合称"石巢四种"。他是明末一位翻云覆雨的政治人物，南明朝廷中官至兵部尚书、右列都御使，南京城陷后乞降于清。虽人品上为正直文人不齿，但作为文人才子，他雅好收藏，慧眼识宝，收藏到了徐友泉的紫砂壶，并不吝赠送给冯金吾了。林古度写此诗时，阮大铖尚未公开依附阉党，否则林古度在诗中是不会提到他的名字的。

冯金吾，即冯可宗，字本卿，山东益都（今山东青州）人。冯金吾的父亲冯起震是著名的书画家，他的四个儿子，个个了得，都爱紫砂壶。其中三子冯可宾，字祯卿，官至太常寺少卿，曾任湖州司理，酷爱饮茶，人称"一生茶道不离手"，著有《茶笺》，共分为序名、论采茶、论蒸茶、论焙茶、论藏茶，辨真赝、论烹点、品泉水、论茶具、

长方壶。壶底楷书刻款"万历甲辰年 大彬制"（时大彬为明代紫砂壶艺术家）。该壶1972年11月于四川省三台县印刷厂基建工地明末窖藏出土，四川省三台县博物馆藏。

茶宜、禁忌等十一则。文虽不多，但言皆居要。冯可宗（冯金吾）是冯起震第四子，以武职起家，官至掌锦衣卫事，左都督。冯可宗也擅书画，尤爱画竹石，父子合作的《竹石图》自成一派。林古度在诗中称冯可宗为"金吾"，是因为冯可宗任锦衣卫指挥，其职能相当于历史上的"金吾卫"、"金吾大将军"，是对冯的尊称。

《陶宝肖像歌为冯本卿金吾作》这首诗写的就是徐友泉创作的一把紫砂壶，先由阮大铖收藏，后"割爱举赠冯金吾"，可谓投其所好。受书画家风影响的冯可宗，"得之喜绝倒"，摩挲把玩，爱不释手，泡茶品茗之余，又突发奇想，请人描绘了壶图（据说是王宏卿所画），并题名曰"陶宝"，因此引来林古度等诗人的吟诗题咏，"一时咏赞如勒铭，直似千年鼎彝好。"一把紫砂壶贯穿诸多名人故事，可见明末名人紫砂壶在文人心目中的地位，集中体现了紫砂壶名人文化之美和紫砂壶收藏文化之美。

文人饮茶一日何可少此

　　紫砂壶人文文化之美，还体现在它与茶文化互相依存又互相促进，茶文化比紫砂壶文化的历史更为悠久，两者的关系是先有茶，后有紫砂壶，先有茶文化，后有紫砂壶文化。俗话说："宁可三日无肉，不可一日无茶。"可见茶在日常生活中的重要性。爱茶人都喜欢紫砂壶，顺延"不可一日无茶"俗语，古代文人手捧紫砂壶，又有一说："文人饮茶，一日何可少此。"

　　"一日何可少此"出自明代文学家张岱《斗茶檄》，文中写道："七家举事，不管柴米油盐酱醋，一日何可少此，子犹竹庶可齐名。"张岱说的"一日何可少此"，本意指茶，而后来被人借用来说紫砂壶。

　　正是因为文人饮茶酷爱紫砂壶，刺激并推动了紫砂壶艺术的不断发展。自明万历以后，紫砂壶名艺人辈出。宜兴紫砂壶艺人利用得天独厚的泥料资源，经过历年从业者的辛勤劳动，紫砂壶艺术代代相传，不断发展，工艺制作水平在传统基础上不断提高。到了明代，紫砂茗壶被视为工艺珍品而"固甲天下"。明清的一些文献记载里，可以查考到很多记述文人饮茶最爱紫砂壶的文章和诗词。周澍《台阳百咏》注云："台湾郡人，茗皆自煮，必先以手嗅其香，最重供春小壶。"可见从明清开始，紫砂壶已深受文人喜爱。

　　入清以后，清王朝统治者更把紫砂列为贡品，现故宫博物院藏有清康熙、雍正、乾隆用紫砂器，上海博物馆、南京博物院等博物馆也藏有数量可观的清代紫砂壶，还有中国大陆和中国台湾的几位紫砂壶收藏家藏有清代紫砂壶，皆可为证。清《荆溪县志》中，记录了宜兴紫砂壶"不胫而走遍天下"的情况。

　　1919 年前后，宜兴紫砂壶在国际上的巴拿马赛会，伦敦、巴黎博览会，芝加哥博览会和国内的南洋劝业会、西湖博览会展出，屡

乾隆御制诗紫砂壶。宜兴窑，清乾隆。吴清漪女士捐赠，上海博物馆藏。此壶直口微敛，短颈，圆腹略扁，管状细流，弧形弯柄，附扁钮圆盖，形制精巧规整。器身装饰具有乾隆朝风行的繁缛复杂的风格，一件器皿上集中了堆贴、印戳、泥绘线描、镌刻等多种技法，盖面以钮为中心饰葵瓣纹，盖口沿与器颈部为回纹，壶肩饰如意云头，壶腹以竹节作分隔线，将御制诗分为上下两部分，上部诗句为阳纹，下部诗句为阴文。器底有"大清乾隆年制"阳文篆书印章。清代紫砂壶由于制作精致、格调高雅、韵致怡人，因此被宫廷看中，成为贡品。清宫内务府造办处档案中有关于将江苏宜兴紫砂器作为正式贡品的记载。此器即为根据朝廷指令特意生产的御用器。

合菊壶。高9厘米，口径7.3厘米，清乾隆，佚名，南京博物院藏。此壶泥色如蟹壳青，壶身隐起菊瓣纹，上覆下仰，合为一体。底盖均无款印。

获盛誉，多次获得金质奖章和奖状。最初的泡茶器皿，仅仅用于日用泡茶。但仅仅作为饮茶用的实用器，紫砂壶是难以获国际大奖的。随着人们品茶、审美欣赏要求的不断提高，紫砂壶的的艺术特性越来越明显，最后发展为具有自身完整艺术体系的艺术门类。人们在壶的造型、书画、图案等装饰中注入了各种思想，这些思想使得紫砂壶艺散发着浓厚的民族文化气息。文化内涵是紫砂壶思想的显现，也是紫砂壶艺术作品的灵魂。紫砂壶频频在国际上获奖，不仅依赖于其美丽的外型，更取决于它人文文化的光辉。

"文人饮茶，一日何可少此。"紫砂壶是有思想的艺术品，正是其思想和文化内涵的积淀，使得紫砂壶艺术家更加倾情尽心地雕琢紫砂壶作品，使其具有更为丰富的美感，使得江山代有才人出，因此紫砂壶名品辈出，紫砂壶作品的美感更具立体感，使人品之有味，赏之更美，爱不释手。

一壶千金几不可得

紫砂壶的人文之美，美在每一把紫砂壶造型的来历都有故事，美在每一个紫砂壶名品都与历史文化名人相关，美在每一个紫砂壶款式的来龙去脉都有故事，美在每一个经典紫砂壶的有序流传都有神话般的演绎，为人们所津津乐道。

《宜兴县志》中提到一把壶："一壶千金，几不可得。"千金之壶，可谓价值连城，堪称是壶中之王了。《宜兴县志》中记载的这把千金之壶，是一件被称为"掇只"的紫砂壶。这把掇只壶之所以价值连城，

掇球壶，亦称寿珍款扁掇球壶。紫泥，寿珍款，南京博物院藏。此壶通高9.8厘米，口径9.4厘米，底径8厘米，盖内款："寿珍"阳文篆书印章款，把下款："真记"阳文楷书款，壶底铭记："八十二老人作此铭壶，巴拿马和国货物品展览会曾得优奖"阳文隶书铭记款。

一个重要原因就是它出自制壶大师邵大亨之手。

邵大亨，清道光至咸丰年间江苏宜兴蜀山上袁人，年少成名。邵大亨性格孤傲，清介正直，非到其困乏时，虽一壶千金亦不可得。清光绪《宜兴荆溪县新志》："有邑令欲得之（大亨壶），购选泥色招入署，啖以重利，留之经旬，大亨故作劣者以应，令怒而杖之，亦不暴也。"表现了大亨坚贞不屈的可贵性格。

邵大亨为人慷慨豪爽，他所做的紫砂壶，意气相投者，免费赠送，语不投机者，千金难求。据说，苏州某巡抚（一说是知府）喜欢收藏紫砂壶，绞尽脑汁觅得一把大亨壶，对自己拥有的大亨壶更是视为珍宝，十分珍惜。一年中秋，苏州巡抚坐船出城赏月，一名侍女端盘献茶，不想船身摇动，侍女站立不住，把大亨壶摔得粉碎。巡抚大怒，把侍女吊起来，重重鞭笞，要丫鬟用命赔壶。这时，正好邵大亨也和朋友在近处泊船赏月，闻得缘由，就叫巡抚过船来看紫砂壶。巡抚过来一看，见十六把大亨壶罗列桌上，件件精品。邵大亨力劝巡抚宽恕侍女，并许诺其从十六把紫砂壶中挑选一件。巡抚见壶眼开，遵从邵大亨的劝说，放下了侍女。巡抚一走，邵大亨便把余下的十五把壶统统砸碎，悻悻地说："为了我的壶，竟有人玩物丧命，再不做壶了。"

这个传说还有一个版本。邵大亨听闻丫鬟要用命赔壶，赶忙挑了十几把自己做的壶送到苏州知府的府上。他对知府说，你随便挑一把，我代替丫鬟赔偿。知府非常高兴，就挑了一把自己最喜欢的壶，放了丫鬟。事后，知府和邵大亨商量，能否把余下的壶都卖给他。邵大亨没说话，只用那根挑壶的扁担一扫，十几把壶顿时就化成碎片。知府非常心疼，问邵大亨为何宁可砸了也不卖给他。邵大亨说，如果这么多壶在你手里碎了，不知道又要死多少条人命。

紫砂壶之所以让人喜欢，因为它不仅仅是茶壶，其人文价值已经远远高于实用价值。人品即壶品。大亨制壶以浑朴取胜，气韵温雅，其代表作有掇只壶、一捆竹壶（南京博物馆藏）、鱼化龙壶等。在清代，他的作品已被嗜茶者视为珍宝，故有"一壶千金，几不可得"之说。清朝高熙《茗壶说》云："邵大亨所长，非一式而雅，善仿古，力追古人，有过之无不及也。其掇壶，肩项及腹，骨肉亭匀，雅俗共赏，无飨者之讥，识者谓后来居上焉。注权胥出自然，若生成者，截长注尤古峭。口盖直而紧，虽倾侧无落帽忧。口内厚而狭，以防其缺，气眼外小内锥，如喇叭形，故无窒塞不通之弊。"

在大亨年间即价值连城的掇只壶，身长近一尺，高过六寸，壶色浑厚深沉，莹润如玉，造型古朴端庄稳重，气度不凡，充分体现了邵大亨精妙绝伦的壶艺技术。欣赏此壶时，眼睛应对着壶嘴俯视，壶身饱满之势令人赞叹不绝。行内有人称此壶已达到光货的最高境界，实不为过。

八卦束竹壶（清，邵大亨作），南京博物院藏。此壶通高8.5厘米，口径9.6厘米。壶身约束六十四支文竹而成，象征《易经》中的64卦。盖及底均以八卦爻象为饰，制技精审，含意深邃，堪称砂壶极品。盖内钤"大亨"楷书阳文瓜子印。

掇只壶（清，邵大亨作）

　　最早拥有掇只壶的人，可追溯到丁松林（1905～1949年）。据其子丁燮清（1939年生，世居宜兴蜀山）讲述，他父亲的丈人曾在江阴某当铺做朝奉（即掌柜），送给其父一把"大亨掇只壶"。丁燮清小时候爱用此壶喝茶，但当时并未意识到此壶的珍贵。直到2003年12月，记者访问丁燮清先生时，他还以为那把壶是陈寿珍做的掇球壶。因为陈寿珍的掇球壶在巴拿马展览会上曾得大奖,当时很有名。后来到了抗战时期,该壶被丁松林之妻潘菊华的娘舅周品珍(中国同盟盟员,抗战国共合作时期任宜兴蜀山镇镇长)送给好友潘序伦。

潘序伦,因兄弟辈中排行第四,故又名秩四。宜兴丁蜀镇蜀山人,中国民主同盟盟员,是国内外颇负盛名的会计学家和教育家,被国外会计界誉为中国"会计之父"。抗战胜利后,潘序伦于1946年6月至1947年5月任经济部常务次长,1947年5月受聘为全国经济委员会委员。其侄潘稚亮,曾应宜兴名绅储南强(曾主持开发善卷洞、张公洞)之邀,在供春壶盖上口外缘刻隶书铭四十五字:"作壶者供春,误为瓜者黄麟,五百年后黄虹宾识为瘿,英人以二万金易之而未能,重为制盖者石民(即制壶名家裴石民),题记者稚君。"

综合多种传说和多种资料记载,直到20世纪80年代,宜兴蜀山一潘姓人家(即潘氏第三代子孙)出现了这一珍品。潘家晚辈为了鉴别真伪,特请当时宜兴紫砂二厂工艺美术大师徐汉棠来家鉴定。徐汉棠拿回家看了两个月,认为此壶确系大亨真品,并在交谈中提出愿以自己的两个上品洋筒壶换其大亨掇只壶,潘家并未同意。此后潘家欲兴建住宅,因经济拮据,不得已便想以两万元出让祖传的大亨掇只壶。消息传出,徐汉棠告知师父顾景舟,顾以需要鉴定确切为由,从潘家将壶拿回家里看了三个月,对潘家提出可以用自己做的三把壶来交换,潘家也没有答应。

消息传到了紫砂壶收藏家、正在参与创建宜兴紫砂工艺厂的许四海耳中,痴迷紫砂的许四海怎肯错过机会,几天后便约了紫砂一厂工艺师吕尧臣去拜访潘家。据许四海后来回忆说,当时虽然客堂里比较暗,但他第一眼就从造型上被这把壶折服了。这把壶通体圆润,大气磅礴,无论从比例、造型还是平衡等多方面考察,都到了古人所说的"多一分则肥,少一分则瘦"的境界。表面上包浆如玉般的晶莹透亮,给人无比稳重和宁静的感觉,以壶盖轻叩壶身,顿时发出有一种金属般的清冽之声，余音脆亮而幽深，显然这是一件紫砂壶精品。

许四海看了一会，情不自禁地想拿起来再细细鉴赏一番。潘家小青年忙把他拦住："只许看，不许拿。"许四海问起出让缘由，小青年叹着气对许四海讲述了一段家史。原来这把掇只壶在潘家中传到第三代，也就是小青年的父亲，解放后不久到东北哈工大读书，五十年代被错划为右派。去劳改农场前，家人不远千里送去十几把祖传紫砂壶，让他在急难之时变卖救急。小青年的父亲去东北时就带了十几把精美的紫砂壶，准备作急救之需，其中有程寿珍、黄玉麟等人的作品，因为生活相当困难，他就被迫陆续卖掉一些壶换点衣食，最后只剩下这把掇只壶，怎么也舍不得卖了。到了六十年代末，小青年的父亲成了一个疯疯癫癫的人，生活上已很难自理，被遣送回原籍，这个不幸的疯子将最后这把大亨掇只壶裹在破棉絮里带了回来。让人惊奇的是，跟随主人颠沛流离，此壶居然没有一丝一毫的损伤。文革时，这把壶东藏西藏地躲过了灾难。八十年代，小青年的父亲得到平反，但本人已经不谙世事了。前几年，小青年的父亲不幸病故了，而这个破败的家庭就得靠潘家的第四代来收拾残局，别的不说，单是这幢房子维修一下就要好几万，而此时几个兄弟又要分家，他一个烧窑工，哪来这么多钱？于是就打起大亨壶的主意了。

许四海听后也是唏嘘不已，下决心要收藏这把壶。他当即回家要妻子金萍珍赶快筹集三万元（一说是三万五千元）。这笔钱在当时可不是个小数目，但金萍珍知道老许志在必得的脾气，于是东凑西借筹足了钱。三万多元拿到手，许四海再次赶到潘家，不料潘家又改主意了。于是他三天两头去潘家泡蘑菇，隔三差五地送一些名家字画。这样磨了半年多，许四海终于如愿以偿。侥幸的是，许四海刚抱着大亨壶跨出潘家大门，就有一个港商接踵而至，愿花更大代价买下，但为时已晚。

经此一役，掇只壶名扬，不久便有人欲出七万美元收购，这个报价当时已经破了半个世纪前英国皇家博物馆以两万美元收购宜兴名绅储南强收藏的一把缺盖明代供春壶之记录，然而还是被许四海以"珍品到了收藏家手中，其价格就转换为一种文化价值，出一百万美元也不卖"为由谢绝。后来不止一次有人叩开许四海的壶天阁，想要出大价钱购下，有的人甚至开出一百六十万港元的天价，许四海始终不为所动。许四海说："大亨壶是我的镇馆之宝，我绝不会卖，别说一百六十万，再翻十倍也不会出手。这把壶已经不是我个人的收藏了，它是属于我们中华民族的宝贝。"

作为镇馆之宝，这把大亨掇只壶现还存于许四海成立的四海壶具博物馆之中。

[第三章]

香生玉尘 雪溅紫瓯圆

—— 紫砂壶的器型形体之美

● 西施壶：壶如丰乳 钮若乳头
● 文旦壶：比肩美人玲珑娇秀
● 一粒珠壶：清心安静洗涤尘烦
● 美人肩壶：肩线柔顺丰腴美妙
● 大彬提梁：如佛趺坐清风朗朗
● 东坡提梁：创作灵感源自灯笼

● 掇只壶：拾掇容器多子多福
● 掇球壶：古典美学充盈智慧
● 容天壶：弥勒肚大容天下事
● 匏尊壶：孤独无助凄楚苦涩
● 传炉壶：金殿传胪古朴典雅
● 汉铎壶：宝铎含风响出天外

器型形体之美是紫砂壶的形式美。器型形体是紫砂壶作品的外观轮廓，是具象的面相，即样式。紫砂壶是手工制作的，聚集着手工艺人的创作智慧和心血结晶，体现了手工艺人对紫砂壶的理解与追求，因此其器型形体之美，美在"方非一式、圆不一样"。

　　紫砂壶的器型形体美体现在线条挺拔流畅，不拖泥带水，装饰既美观又没有累赘的感觉，比例协调，整体完美统一，上下浑然一体，给人以美的视觉和享受给人美好视觉印象的紫砂壶器，往往都完美表现出了器型形体之美，体现出形体美的基本原则，包括变化与和谐、对比与谐调、平衡与对称、节奏与韵律、比例与尺度、力度与气韵、安定与生动等。紫砂壶的器型形体之美，通常以古拙为最佳，大度其次之，清秀再次之，趣味又次之。

　　紫砂壶的器型是存世的各器皿中最为丰富的，多种多样，千变万化，几乎每一款器型都有来历和故事。本章择其要介绍其中几款常见的紫砂壶器型。

⚑ 西施壶：壶如丰乳 钮若乳头

　　眉如翠羽，肌如白雪，腰如束素，齿如含贝，这是古人形容美人形貌之胜。远而望之，皎若太阳升朝霞；近而察之，灼若芙蕖出渌波。翩若惊鸿，婉若游龙，这是古人形容美人神韵之美。显然，西施壶也是美人，羚羊挂角，无迹可寻，若有似无的朦胧妩媚，正是西施壶给人的特殊美感。西施壶流短而略粗，把为倒耳之形，盖采用截盖式，壶底近底处内收，一捺底。西施壶的造型像女性丰满的乳房，壶钮象乳头，所以原名西施乳，言壶之形若美女西施之丰乳。或许后世文人觉得"西施乳"过于直白不雅，故改称"倒把西施壶"。

　　西施壶的首创者是徐友泉，明末清初的吴梅鼎给了徐友泉极高的评价，称"若夫综古今而合度，极变化以从心，技而近乎道者，其友泉徐子乎。"吴梅鼎是《阳羡茗壶赋》的作者，该赋虽然只有一千五百字，却是字字玑珠，谈壶论人极为精粹。

　　西施壶的艺术特点是简约。从造型上看，西施壶表面光滑细腻如肤，线条流畅如行云，壶嘴短浅如美人之樱桃，壶把纤细圆融，便是美人柔软纤瘦之腰肢。"画屏金鹧鸪"的繁华精致，诞生的是妖娆美艳的世俗美；西施壶的简约淳朴，显示的却是"清水出芙蓉，天然去雕饰"的意蕴美。花容月貌易得，体态神韵难求。越王花了三年时间传教西施歌舞、步履、礼仪，终成就这名传千秋的一代美人。"空潭泻春，古镜照神"，真正的美人不是花枝招展，而是靠神韵取胜，似有若无的简约中，蕴含言有尽意无穷的隽永。以美人西施为名的西施壶造型简约，毫无装饰，仅凭柔和流畅的线条，模

西施壶（底槽清，220cc，王国祥作）

倒把西施壶(朱泥，季益顺作)及其底款，茗壶奇石工作室主人熊艳军藏。

拟出了一代美人的神韵。西施壶周身光洁如玉、圆融古朴，形态比例堪称恰当，线条光滑细腻、无一棱角，正是传统女性柔美圆融性格的象征。肚腹宽鼓饱满，又体现出传统女性厚德载物、任劳任怨的美德。整把壶沉稳内敛，张弛有度，进退有节。无一锋芒却又神韵洋溢，颇具传统大家闺秀内柔外刚、秀外慧中、德容兼备的风采。西施壶铅华散尽，以静净取胜，尤其以壶把低垂，展现出中国传统文化中特有的谦和风度。"谦谦君子，用涉大川。"谦和的君子，可以用卑下低首的态度征服大山。西施壶秉承了西施一贯的谦和，不施粉黛，不事雕琢，神气端然，尽显低调。

西施壶与文旦壶、龙旦壶三种壶都属于截盖壶，这三种壶形有着直接和间接的关系。

🌸 文旦壶：比肩美人玲珑娇秀

清代文人吴梅鼎曾经称赞文旦壶："至于摹形象体，殚精毕异；韵敌美人（美人肩），格高西子（西施乳）。"在文人的眼中，文旦壶的韵味风格堪比美人之肩，柔若无骨，又似西施那动人的曲线，丰神绰约，俊俏天成。文旦壶曾有一老壶铭文："何必凤凰夸御茗，浣女词前落日尘，松竹开三迳，花落鸟啼水自流。"这是多么美的意境！

"文旦"文字释义："文"指柔和、外表、容态；"旦"指戏曲中扮演女性的角色。文旦壶创于明末清初，形与西施、贵妃壶相近，后两者为清中末后所创，重玲珑娇秀，前者则重古拙，这也与当时艺术审美注重相关。有书籍记载：文旦"果之美味，江浦之橘，云梦之柚。"由此可知，文旦壶在这里的创意又似乎是水果柚的仿生器。金黄色的文旦柚，食之清甜甘酸，金黄色本身就是一种艳丽的颜色，而那成熟的果实清甜甘酸的滋味，就像女人的情感，含蓄而绵长。在这里，一把紫砂壶的仿生态，充分体现了古代女性化的柔美与雅丽。

当代文旦壶、西施壶、贵妃壶变化很多，每个紫砂壶艺人都以自己的方法在演绎娟秀和柔美，壶有高矮肥瘦，风姿各具，壶名自然也百花齐放。

文旦壶（朱泥，把下款"景记"，底款"墨缘斋制"，顾景舟20世纪30～40年代作品）。龙之堂黄素量藏。

文旦壶（底款"贡局"，旧）。龙之堂黄素量藏壶

🍵 一粒珠壶：清心安静洗涤尘烦

　　一粒珠壶，顾名思义，以壶盖上有一小圆珠钮而得名。一粒珠的造型如同珍珠般珠圆玉润，饱满而剔透，壶身一大珠，壶钮一小珠，如同"母子珠"般形影不离。一粒珠壶为传统曼生十八式造型，相传是惠孟臣所创。器形特点是壶体为圆球形，无颈，壶盖采用嵌入式结构，盖钮为小圆珠式，三弯式管状流，大圆形壶柄，做工精致。这种壶式用于喝功夫茶，为后世所称"水平壶"的前身。一粒珠如西瓜的壶型，可以使人清心安静，洗涤尘间烦躁的心情，有句话如

大一粒珠壶（底槽清，600cc，丁淑萍作，李昌鸿刻画）

一粒珠壶（朱泥，一泉铭，清晚期），南京博物院藏。

一粒珠壶（旧），龙之堂黄素量藏。

是说：若瓜时，辄偃卧以瓜镇心。所谓"茶禅一味"，品茗需要静心静气，一粒珠带来的高雅意境能给人一种安和的心情。

　　一粒珠式紫砂壶款型由来已久，形制上对壶的整体性要求比较严格，要求整器有饱满的力度和整合的视觉观感。壶体滚圆状，无颈，流嘴略弯，口盖为嵌入式。一粒珠壶造型古朴，古韵盎然，庄重又不乏新意，典雅大气又不失阳刚之气，造型惹人喜爱。尤其是壶盖上的一粒珠，浑圆可喜。无论型如哪种造型，一粒珠大度豁达的造型以及其细腻精致都是一样的。

☁ 美人肩壶：肩线柔顺丰腴美妙

美人肩壶属传统器形，因其壶肩形似美人圆润的肩膀而得名。美人肩紫砂壶宛如古代女子端庄可爱，带点宫廷的雍容华贵，又不失大家闺秀般的妖娆。其造型饱满，大方得体，饱满圆润的身躯，流畅优雅的线条，以修长圆润见长，整器削肩而立。美人肩最美的地方就是很窄很女性化的肩膀，窈窕秀美的壶身，漂亮匀称的壶肩，肩项及腹，骨肉匀亭。此外，壶把和壶身要求纤细绰约，自然舒展，曲线优美，好似美人盈盈而动，清扬婉兮，美目盼兮，有汉唐美人之风韵。

美人肩壶制作最难之处，在于用全手工打出柔顺怡人的线条，以及盖面和壶身的过渡，流畅无碍的长三弯流，故由古至今皆被陶家视为最难掌握的造型品种之一。美人肩壶最关键的地方是肩和嘴。肩就是美人的肩膀，讲究圆润又富有线条美，

美人肩壶（红泥，范洪明作）

53

嘴就是美人的腿和脚，尖足、提跟、膝盖圆润、小腿滑润才称得上俊俏。制壶者以体现圆润的壶身为主，壶盖与壶身仿佛合为一体，没有空隙，用手抚摸上去，能感受到它的温暖。

作为传统器型，美人肩是由清代的老作品演化而来，是一款经典器型，同一种器型在不同的工艺师手里能够表现出不同的神韵与气韵来，以古代美人的肩线及丰腴美妙的曲线，幻化出动人心弦的壶形。制作者只有投入了感情和心血，才能塑造出情色生香、灵韵交融、灵肉合一的美人肩壶佳作。

大彬提梁：如佛趺坐清风朗朗

大彬提梁壶，粗看很不起眼，其身筒成较大且丰满的扁球形，上部圆环状提梁粗大，六方三弯嘴，六瓣平扣钮，压盖，圈底，溜肩，素身。再看耐人寻味，身筒以实托虚，圆环以虚带实，上下两个圆弧构成的虚实对照，达到了视觉上的微妙平衡，整体上让人感觉气势雄健，浑然一体，正所谓"周接四海之表，浮于元气之上"。三看惊为天物，大彬提梁如佛趺坐，清风朗朗。《梦溪笔谈》中说："星辰居四方而中虚，八卦分八方而中虚，不中虚不足以妙万物。"虚实结合犹如画中留白，园林借景，疏可走马，密不透风。这种古典美学的神奇光彩，闪耀在小说、绘画、书法、戏剧、建筑等传统艺术的各个领域。

在今天的玩壶人看来，高 20.5 厘米，口径 9.4 厘米的大彬提梁实在是一把大壶，可是在明末清初的时候尚属小物。时大彬最大的

大彬提梁（仿明，国段泥，880cc，王国祥作）

贡献之一，就是在器型上"改大为小"、"改俗为雅"，奠定了紫砂壶基本的审美倾向，使紫砂壶能进入文人生活，成为文房清玩，提升了紫砂壶的文化内涵。这也让时大彬成为紫砂宗源上的第一座高山，使无数后人仰止。

东坡提梁：创作灵感源自灯笼

传说苏东坡喜欢喝茶，但当时的紫砂茶壶都很小，喝了一壶又一壶，很费事。苏东坡想自己做一把大茶壶，因此就买来了紫砂天青泥，自己拍拍捏捏做了几个月，也没做成一把像样的茶壶。一天

55

夜里，小书僮打着灯笼来请苏东坡去吃夜宵。苏东坡看着灯笼，计上心来，何不照灯笼的样子做把灯笼壶呢？就这样肚皮大大的灯笼壶做了出来，但又光又滑不好拿，于是就又搓了一条泥巴，就像房屋上头的梁一样从这头搭到那头。烧制出来后，苏东坡提着"梁"，于是就取名"提梁壶"。为了纪念这位大文人，后来人们就把这种提梁式的壶称为东坡提梁壶。

东坡提梁壶（红泥+紫泥+段泥，蒋建军作）

☕ 掇只壶：拾掇容器多子多福

　　"掇只"是紫砂壶造型中特有的一种壶型，造型像是把许多球状和半球状堆积到一起，由于掇在汉语里有连缀堆叠的意思，因此这种造型的壶被称为掇只壶。也有学者对此说法存怀疑态度，认为如果"掇"是堆叠之意，那么"只"作何解？岂不是应称"掇球"、"掇圆"？《说文》中对"掇"作拾取解释，家乡宜兴土话里也有把诸如盐罐子之类圆形罐子称为掇子的说法，意为拾掇之容器。有学者认为《说文》的解释更为准确。

大掇只壶（紫泥，1100CC,丁淑萍作，富中奇画，李昌鸿刻）

掇只壶（250CC，王福君作，谭泉海刻字）

宜兴当地人称"掇只"为"得子"，于是有人说"掇只"就是寓意"多子多福"。还有人考证说"掇只"是"掇罂"之误：掇，是阖上壶盖；罂，是掀开壶盖。又有人解释：掇，摞起来；只，单个的；掇只是摞成一摞的壶。

掇只壶为清道光至咸丰年间的邵大亨所创，存世的大亨掇只壶的壶身长近一尺，高过六寸，容量约 2500cc。壶色浑厚深沉，莹润如玉，造型古朴端庄，稳重，气度不凡，充分体现了邵大亨精妙绝伦的壶艺技术。清朝高熙《茗壶说》记述：邵大亨所长，非一式而雅，善仿古，力追古人，有过之无不及也。其掇壶，肩项及腹，骨肉亭匀，雅俗共赏，无饕者之讥，识者谓后来居上焉。注权胥出自然，若生成者，截长注尤古峭。口盖直而紧，虽倾侧无落帽忧。口内厚而狭，以防其缺，气眼外小内锥，如喇叭形，故无窒塞不通之弊。

掇球壶：古典美学充盈智慧

掇球壶，又称为大亨掇球，是邵大亨所创。也有人说，大亨掇只壶成功之后，过了若干年，冯友庭与程寿珍师徒将掇只壶的脖子加高，盖也加高接近半圆型，壶钮更圆，这样就像三个摞起来的球，所以称为掇球。"掇"有拾取、选取、获取之意，也诵"缀"即连接之义，掇球，实际上就是将选取若干球状体，将其按一定规律，以美学法则连接起来。掇球壶看似平淡无奇，但却是严格几何形态器形，对制作者要求非常高。

掇球的要点是"圆"，一个圆接一个圆，圆套圆，圆交圆，要做

大亨掇球壶(盖内款"尧臣"，底款"吕尧臣")

六方掇球(大红袍朱泥，250cc，吴菊凤作)

寿珍掇球（全称：宜兴窑寿珍款墨绿抛光紫砂高掇球壶，本山绿泥加白泥，清末民初，程寿珍作），南京博物院藏。

到壶通体线条流畅无死点，而且有张力显出气质。从整体造型来看，掇球壶似乎并不像球，但细细分解无不取之于球。壶身就是一个大球，有的壶适当将其形体压扁一些，这也是为了整体美的需要，壶盖是半个球，盖钮又是一个球，而壶嘴及壶把则是截取球上的一个弧。然而仅仅只是凭借这几种全球、半球、球中一段弧线而随意拼凑，也容易变得不伦不类。紫砂壶艺术家异常聪明，他们是在拾取之后进行加工、改造、升华，进行美的创造。先看壶身，若是一个滚圆的球，按照透视学的观点来看，它的最亮点应该是球体的中间，这个亮点至上而下左右应该是等距离的，然而掇球壶却将壶腹稍稍往上移一点，这就使壶身更显挺拔俊秀，也就是以壶身扛起了壶嘴与壶把，这种几何学上的比例是一种艺术感觉。壶肩至壶口，必须有一个直挺的过度与衔接，壶口与盖的相接要有线条承载，否则那壶盖就没有一个根基所在，壶盖虽为半球，但又不是绝对的，它可以根据需要作适当的切割，盖钮也是如此，必须从整体上看是球形，换成桥形、扁形、方形都将不伦不类。壶流必须一弯半，其口小根大，与壶面的连接十分自然，仿佛是从壶体上转折过去。壶把从壶肩开始逐渐由粗变细，引至壶下腹而收，这样整个壶看上去犹如行云流水，非常畅达。掇球壶一身素气，光滑可鉴，完全是让简练形体来展示其美的内蕴。

在宜兴陶瓷博物馆的名人名作展厅里，陈列着三把掇球壶，分别是大亨掇球、友廷掇球、寿珍掇球。这三把造型有别的"掇球壶"代表着三个不同时期的三种风格。

大亨掇球壶，由清代嘉庆、道光年间的邵大亨创作。壶体浑圆硕大，浑厚华滋，壶嘴短小前冲，曲线优美；壶把自由舒展，飘逸放达；壶口略小，壶盖略呈拱形，壶钮呈圆球状。整件作品雍容大度，气韵生动。大亨掇球，壶如其人，明月清风，昂扬挺拔。

友廷掇球壶，是清代同治、光绪年间的上袁村制壶高手邵友廷所作。友廷掇球秉承了"大亨掇球"壶身势雄气沉的特点，但对大亨掇球进行了大胆的再创作，在壶身与壶盖的连接部拉高成壶颈，壶嘴微曲略直，显得冲力之势更为突出，壶口设计放大，壶盖抬高成三分之一的半球状，壶钮球形更圆，与"大亨掇球"相比，整体壶形更贴近"掇球"之名。从审美角度欣赏，应该说"友廷掇球"

是"大亨掇球"的再创造和再发展，在"大亨掇球"与"寿珍掇球"之间起着承上启下的历史作用。

寿珍掇球壶，是清末至民国年间著名紫砂艺人程寿珍所作。程寿珍在"大亨掇球"与"友廷掇球"的基础上更大胆地三度创新，壶身更圆更丰满；壶口再放宽，壶颈再度拉高更显精神充沛；壶盖极度夸张，呈饱满的半圆球；壶钮圆珠适度放扁，一个"耳朵"形曲线的优美空间，各部比例协调。整体造型古朴敦厚、秀美醇和，壶钮、壶盖、壶身在视觉上形成了三"球"重叠之势。"寿珍掇球"在民国初年曾参加美国"巴拿马国际赛会"，这件工艺精湛、形态优美、有着浓郁中华民族文化气息的作品，在该赛会上荣获唯一的"特别优等奖"。

☁ 容天壶：弥勒肚大容天下事

容天壶，由中国工艺美术大师吕尧臣首创，取材于佛教中的大肚罗汉，取名源于"肚大能容天下事"。相传是在唐末五代时，浙江奉化有个名叫契此的和尚，号为长汀子，他身材短胖，言语无定，随处坐卧，经常以仗背一布袋入市，四处化缘，见物则乞，人称布袋和尚。据说布袋和尚能示人凶吉祸福，非常灵验。布袋和尚在临终之前，曾说一偈："弥勒真弥勒，分身千百亿，时时示时人，时人自不识。"后来人们就把他作为弥勒菩萨的化身，在江浙一带民间都画他的图像供奉，后又在寺院塑其形相，这就是现在寺院中大肚弥勒像的由来。布袋和尚圆寂于后梁贞明三年（公元917年），将其形

容天壶（周俊作），茗壶
奇石工作室主人熊艳军藏。

灵隐寺飞来峰大肚弥勒造像

象作为弥勒菩萨供奉，是宋代以后的事情。杭州灵隐寺飞来峰有大
肚弥勒造像，是飞来峰最大的一龛佛像，南宋造像。

　　吕尧臣创作的容天壶早期作品壶形偏低，后来壶形较高。容天
壶在气韵饱满的壶身上添加一微微矮颈，壶盖增高成半球状，平添
拙朴童趣。容天壶出水效果极佳，用起来方便舒适。视觉上稳重大度，
在质朴中见深厚。此壶观赏性强，但要体现此壶的气韵不易，需要
做壶艺人用心体会。

　　掇只壶、掇球壶和容天壶在外形上有相似之处，初入紫砂壶
收藏的人有时容易将它们弄混。辨别这三种相似的壶也有规律可循，
掇只壶和掇球壶的辨别主要看壶盖，掇只壶盖矮，盖呈扁平，掇球
壶盖高，盖呈半球。容天壶与掇只壶和掇球壶的壶型相似，辨别的
重点在流，容天壶的流是直的，像石瓢一样，掇球和掇只的流是弯的，

弧度和把相对应。壶身也略有区别。整个壶总体来看，掇球的感觉像是从下至上大中小三个球摞在一起，像是祖孙三代从爷爷到爸爸到儿子，容天的感觉像是一个大肚弥勒佛稳稳地盘坐在那里。

匏尊壶：孤独无助凄楚苦涩

这只匏尊壶两面以彩泥绘五虎，因此也称为"五虎匏尊壶"，虎谐音福，寓意福，又称"五福匏尊壶"，彩色泥绘字画，虎虎有生气，为匏尊壶增添了几分儒雅之气。丁淑萍是富有创意的紫砂壶艺术家，她在匏尊壶的壶钮上制作一圆珠，点缀于壶盖之上，灵动而有生气。耳形壶柄上大下小，在整壶比例中大小适中，易于持握，有一种舒心随意之感。器型周正，饱满的曲线上延是嘴微曲的短流，短流与壶体的结合十分协调。

对于没有接触过紫砂壶的人，匏尊壶是一个陌生的名字，有人甚至不认识"匏"这个字。"匏"其实就是我们常见的葫芦，一种圆大而扁的葫芦，即匏瓜。《说文》："从包从瓠。包，取其可包藏物也。"匏尊，就是以干匏制成的酒器。

宋代大文豪苏东坡写《前赤壁赋》，其中有"驾一叶之扁舟，举匏尊以相属。"此时苏东坡被贬到湖北黄州，住在一座寺庙，四周一片寂静，举目远近无一个亲友，何等孤独无助。他蒙冤入狱，险些掉了脑袋，从监狱出来，犹如一个流放的罪犯，来到这里，只能写"匏尊"。匏尊是匏瓜做的饮具，匏瓜有苦叶，古代用作男人无妻的象征，由此引喻人不受重用，不得出仕，或久任微职，不得升迁。苏东坡

铆尊壶，也称为"五虎铆尊壶"或"五福铆尊壶"（紫泥，彩色泥绘，丁淑萍作）。

铆尊壶（老红泥，500CC，丁淑萍作，石楼书画，李昌鸿刻）

写铆尊，是因为他当时感到自己就如凄楚的铆瓜。这时他喝水、饮酒，用的也只有那铆瓜做的水瓢。铆尊，难以登堂入室的民用品化入了他的辞赋。铆瓜帮助了苏东坡度过了苦涩的生活，苏东坡也成就了"铆尊"的千载诗话。铆尊壶的形象，创意来自这种有苦意的铆瓜，陈曼生设计的十八式中有四款壶与铆瓜有关。品鉴瓠尊壶，我们感受到的是苏东坡凄楚苦涩的人生和他宏博恣肆的才情。

铆尊壶的壶把成圆形，壶嘴成拱形，两者相互协调。壶身圆，扁圆顶压盖，壶盖和壶身成圆形，壶盖上有圆球与壶身壶盖相互衬托，特别是壶身成圆筒形，显示出大气美观。

☁ 传炉壶：金殿传胪古朴典雅

传炉壶，式度端庄，风格雅致，隐隐然有古风韵。就其形式来说，传炉为传统壶型，至清末曾改为四方传炉，历久弥新。传炉壶有着青铜器般的威严与稳重，它古朴典雅，曲线强劲有力，浑厚端正。是方中有圆，圆中寓方的典范，要想做得比例恰当、珠圆玉润，骨肉廷均实属不易。大象无形，大巧不工。自古以来宜兴众多制壶艺人均有制作，但都公认传炉壶最为难做，这也是此壶市面上比较少见的原因之一。

传炉的名称，源自古代道家炼丹所用的丹炉。传说葛洪至麻姑神功泉（江西抚州南城），觉得泉水清冽脱俗，于是传炉炼丹，留恋泉石之间，至今葛洪仙井遗迹犹在。麻姑泉酿酒，又称寿酒，洪祖以其水炼丹求寿成仙，而人寿之极致，又称茶寿。今以阳羡砂壶，仿传炉之型，饮茶延年，传炉壶切情切意。古时还有"金殿传胪（炉）"

传炉壶（清灰泥，黄霁峰作）

65

一说，明清时代在殿试后两天，皇帝召见新科进士。考取的进士们身着公服，进太和殿肃立恭听宣读考取进士的姓名、名次，这就是"金殿传胪"。"胪"有陈列的意思，"传胪"就是依次唱名传呼，进殿晋见皇帝。

现存最有名的传炉壶，当属 1937 年由清末民初壶艺名家俞国良用"大红袍"泥料做制的一把传炉壶，此壶原藏于四海家中，这把壶方圆相济，挺匀有力，色泽红艳，光彩照人，是传炉壶式的经典之作。另外还有现藏于香港茶具文物馆的传炉壶，为清末两江总督端方在宜兴定制，其艺术手法来看，也应为俞国良所作。只不过在传统的基础上稍加改进，盖为桥扭。

☁ 汉铎壶：宝铎含风响出天外

汉铎壶名称及壶形的由来，与中国的文化历史是分不开的。《说文》中对铎的解释是：铎，大铃也。它是器物的名称，具体地说形状有些像甬钟，但体积小。汉铎，即汉朝之铎。铎为方形，顶上有一个短柄，腔内有舌，摇之可以发出声音。 舌有铜、木两种，铜舌者称金铎，木舌者称木铎。宝铎含风，响出天外。早在周代，铎的作用就是一种乐器，后来才成为铃铎，作为建筑装饰。现在我们见到的古建筑四角的铃铛装饰，就是铎铃。"铎"除了作为乐器以外，其作用从历史上各种古籍的记载中归纳来大概有两方面：文事奋木铎，武事奋金铎。

文事奋木铎，说的是和平时期的文化宣传。在古代，天子为了

汉铎壶（亦称山水汉铎壶。范建忠作）

了解民间的社会风气，人民的生活状况，每到春天会派专人到各处采集民间的诗歌，这种行为也就是现在的所说的"采风"，归纳总结后报告给朝廷加以考察。同时铎的声音宏亮，而且传得很远，也有使天下皆达道的喻义。这里铎的木舌可比作教师的教化之舌。

武事奋金铎，说的是战争时期的司令工具。古时的军事长官曾挥舞旗帜召集村民，在田野练习布阵和战法，了解击鼓鸣金等军事号令。每隔三年，则举行更大规模的集体军事训练。古代打仗时将军执铎铃，所谓鸣金收兵，鸣金即鸣铎，就是摇大铃铛。

汉铎壶的造型与井栏有几分相似，但又有细微的区别，汉铎身形造型如钟，其壶身规整，平嵌盖，与壶融为一体，柱钮上部置圈线，线面转换周正舒坦，嘴口朝上，出水有力，端握舒适。紫砂高手制作的汉铎壶，整体形制优美，古朴精细，颜色古雅，色调雅合，技艺严整，风格敦朴。

汉铎壶的代表作，为大书法家梅调鼎在壶身正楷题写"汉铎"

二字，下刻行书"以汉之铎，为今之壶，土既代金，茶当呼荼"，意即汉铎壶是根据汉代的铎的造型仿制而来，以土代替了金属，制作出来的壶却比黄金还珍贵。相传，梅调鼎晚年生活穷困，虽然他一字值千金，却不肯折腰卖给出大价钱的富商高官。梅调鼎在壶上刻的16字，暗喻了他自己虽终身为布衣，以卖字谋生，却是重节操的一方名士。这真是：人间珠玉安足取，岂如阳羡溪头一丸土。

　　紫砂壶的器型有很多，主要器型就有一百多种，常见器型有数百种，历代优秀的紫砂壶艺人往往既继承传统，又锐意创新，有的在传统壶式基础上推敲改进，有的根据自己的生活经验和喜好创作新壶式。尤其是当代紫砂壶艺术家，追求艺术个性，总想与众不同，特别喜欢创新紫砂壶器型，他们孜孜以求，有一种壶不惊人死不休的探索精神，创作出了大量新器型，有的一个人就创作出了数百种与众不同的器型，且每一种器型的壶都有自己独立的壶名，如此看来，有不同名称的紫砂壶器型当有万种以上。如此丰富多彩的器型，犹如百花齐放，尽情绽放千姿百态摇曳生姿的形体之美。

[第四章]

月满则亏 以为我规

——曼生壶的十八式之美

陈曼生是中国紫砂壶历史上的一个传奇人物，他自己并不做壶，但他成为了紫砂壶史上最著名的人物，且没有之一。细想一想，这也并不奇怪。陈曼生成为最伟大的紫砂壶艺术家，靠的是思想，虽然他本人不做壶，但他用思想设计壶样。为什么那么多做了一辈子紫砂壶的艺人没能成为像他一样著名的艺术家，就是因为他们只会做壶，而缺乏思想。

陈曼生的成名和扬名源于神奇的"曼生十八式"，即陈曼生创作的十八种款式的紫砂壶，每一款都名垂青史，成为紫砂壶经典。陈曼生虽非手工制壶艺人，但他是画家、书法家和篆刻家，这曼生十八式紫砂壶并非他手工制作，而是由他设计紫砂壶图样，紫砂壶艺人杨彭年手工制作，属于他俩合作的作品。"曼生十八式"是对曼生壶的通称，十八在中国传统文化中为吉数，言其多，事实上曼生壶至少有四十多款，历史上对"曼生十八式"的说法也不尽相同，有多种版本。本章根据笔者自己的喜好，重点选择富有传奇故事和人文色彩浓郁的曼生壶，归纳为"曼生十八式"，或与他说有异，姑且称之为沈氏"曼生十八式说"。

曼生十八式之一——半瓜壶

　　陈曼生对碑帖有浓厚的兴趣和深入的研究，香港中文大学文物馆所藏神龙本兰亭序帖，内附有陈曼生所作跋文："此帖较定武本，肥瘦各别，字画结构亦颇有异同……嘉庆乙亥十月望后四日，钱唐陈鸿寿题于江宁承恩寺中。"从此文看，他对碑帖研究似也十分在行，这与蒋宝龄《墨林今话》中关于他"酷嗜摩崖碑版，行楷古雅有法度，篆刻得之款识为多，精严古宕，人莫能及"的总结相一致。陈曼生广泛学习汉碑，尤其善于从汉摩崖石刻中汲取营养，在用笔上形成了金石气十足、结体奇特的个人面目。他的行楷具法度，隶古八分书，尤简古超逸，篆刻追踪秦汉，笔画圆劲细插，如银画铁钩，意境萧疏简淡，雄浑恣肆，奇崛老辣。陈曼生的书法以隶书和行书最为知名。他的隶书清劲潇洒，结体自由，穿插挪让，相映成趣。较之以往的隶书，陈曼生的隶书具有"狂怪"的特点，说明他有创新的勇气和才能，但在结字和章法上，用笔仍然属守古法，笔笔中锋，力透纸背。在当时，陈曼生的隶书就是一种创新的风格，影响很大，传世墨迹有《行书轴》《行书七绝诗轴》等。

　　陈曼生的绘画精于山水、花卉、兰竹，"心摹手追，几乎得其神骏"，往往随意挥洒，自然天成。他的山水介于明代姚绶与程燧之间，花卉兰竹虽源自陈道复、李　，但不拘于宗法，而有潇洒之趣，实为赵之谦的先驱。曼生认为，"书画虽小技，神而明之，可以养身，可以悟道，与禅机相通。宋以来如赵、如文、如董皆不愧正眼法藏。余性耽书画，呈无能与古人为徒，而用刀积久，颇有会于禅理，知昔贤不我欺也"。从历史文献中，从上海博物

71

半瓜壶(曼生铭彭年制，清)。南京博物院藏。壶身铭："梅雪枝头活火煎，山中人兮倦乎仙，曼生"。壶底方印：阿曼陀室。把梢方印：彭年。

馆等馆收藏的他的不少书法、绘画中，可见他不仅是一位篆、隶、行、草皆能的书法家，也是一位成就斐然的画家。

陈曼生也是一位作家、诗人，著有《种榆仙馆诗集》《桑连理馆集》（一作《桑连理馆诗集》），嘉庆二十一年为周春撰著的《佛尔雅》题写序跋。

陈曼生天资豪爽、意趣纵生，他所绘、所写、所做"不为蹊径所缚"，只是表现得天趣横生、妙手天成而已。其实陈曼生的"天趣"不完全是"天成"，而是有其书画的功力的。

陈曼生，本名陈鸿寿，字子恭，号曼生、曼龚、曼公、恭寿、翼盦、胥溪渔隐、种榆仙吏、种榆仙客、夹谷亭长、老曼等。钱塘（今浙江杭州）人。生于清乾隆三十三年（1768 年），卒于道光二年（1822年），年寿五十五岁。陈曼生的艺术涉猎广泛，且造诣极高，为著名的"西泠八家"之一。陈曼生是一个通才，工诗文、书画，书法长于行、草、篆、隶诸体。

曼生十八式之二——井栏壶

曼生井栏壶传世的两把。一把为上海画家唐云藏，通高 8.7 厘米，壶身一侧刻隶书："汲井匪探挈瓶匪小式饮庶几永以为好"，署"曼生铭"，底印阳文篆书"阿曼陀室"，把下印"彭年"篆书款。另一把为南京博物院藏，壶高 8.6 厘米，口径 7.9 厘米，底径 13.2 厘米，胎泥色泽赤赭，通体似细桔皮纹，但手感平滑，造型古朴、端庄、典雅，短流、圆把，平盖平底。壶身两侧镌刻长篇行楷铭文，一侧刻铭以偈赞曰："此是南山石，将来作井阑。留传千万代，名结佛家缘。尽意修功德，应无朽坏年。同沾胜福者，超于弥勒前。曼生抚零陵寺唐井文字为寄沤清玩。"一侧刻："维唐元和六年，岁次辛卯五月甲午朔十五日戊申，沙门澄观为零陵寺造常住石井阑并石盆，永充供养。大匠储卿郭通，以偈 曰"。这把井栏壶的造型灵感来自原来位于溧阳零陵寺中（现在已经被搬到溧阳凤凰公园内）的一口唐代古井。这 51 个字是唐代石井上的文字，壶上所刻，刀工劲健深刻，既表现出了篆刻家的功力，也绝妙地彰显出千年古井的魅力。它是陈曼生法古而制曼生壶的最好注脚。壶底钤篆书阳文"阿曼陀室"方印，把下有篆书阳文"彭年"小方印。

陈曼生能书善画，但使后世为之折服的并不是他的书法、绘画和碑帖，而是他的篆刻。清代乾隆、嘉庆两朝，考据之风盛行，训诂、文字、金石、音韵等专门学科得到突破性发展，时称"乾嘉学派"。金石学研究历代不乏人，学术成果不断问世。陈曼生正是其中身体力行的金石家。他活跃于嘉庆朝，至道光二年去世，恰好见证了清代由盛而衰的转捩点。尽管陈曼生精通书法、绘画、碑帖，且已达到极高成就，但从他对各门类成果所占的比重看，

井栏壶（曼生铭，杨彭年制，
清嘉庆），南京博物院藏。

井栏壶（曼生
铭，杨彭年制），
唐云藏。

井栏壶铭文拓片

篆刻是他的突出部分，因为，他被称为"西泠八家"之一，意味着
他在篆刻领域取得了十分重要的成就，上海博物馆等机构藏有很多
陈曼生所作印章，可见其做人的成就。

作为清代著名篆刻家，陈曼生有《种榆仙馆摹印》《种榆仙馆印谱》
行世。他的篆刻出入秦汉，师法秦汉玺印，旁涉丁敬、蒋仁、黄易、
奚冈等大家，印文笔画方折，用刀大胆，自然随意，锋棱显露，古
拙恣肆，苍茫浑厚。陈曼生的篆书的风格特点是略带草书意味，喜
用切刀，运刀犹如雷霆万钧，苍茫浑厚，爽利恣肆，使浙派面貌为

江苏溧阳零陵寺的唐代石刻井栏

之一新，浙中人多学习他，对后世影响较深，与陈豫钟齐名，世称"二陈"。陈曼生不仅博学能诗、书画皆优，他还擅长竹刻。篆刻和竹刻，为他后来在紫砂壶上题诗刻字、绘刻竹菊打下了坚实的基础。

☁ 曼生十八式之三——横云壶

横云壶身铭文："此云之腴，餐之不癯。祥伯为曼公铭并书"。壶身铭文中的"云"，也指茶。顾之庆《茶谱》煎茶四要："三候汤，凡茶少汤多，则云脚散，汤少茶多，则乳面聚。"铭文中的"腴"为丰满肥美之谓，《文选 班固答宾戏》："味道之腴。"铭文中的"癯"同 ，《史记 司马相如传》："形容甚 。"集解引徐广曰：" ，瘦也"。陈曼生的横云壶题识还有四个字"列仙之儒"，谓嗜饮者相聚。《汉书 司马相如传》注："凡有道术皆为儒"。苏轼《鲁直以诗馈双井茶次其韵为谢》："列仙之儒瘠不腴，只有病渴同相如"。

曼生横云壶有一个典故——初夏之季，好友二泉喜得贵子，曼生前往贺喜，归途之中，暴雨突至，于一溪旁草屋避之。转瞬雨骤停，一道美丽彩虹横挂于天，一头隐于云端，一头没于溪间，有如彩虹渴饮清泉。曼生本文人，观如此美景，岂不痴迷，久久不愿离去，至飞虹消散，犹恋恋不舍。及归至家中，有感而发，绘稿数十种，成得意之壶式。因心恋彩虹汲水，乃起名"饮虹"，但觉不足以抒怀，苦思冥想，终有所获，以"横挂彩虹，飘于云端"为意，而终定名"横云壶"。

此壶蕴含深厚的文化底蕴，以流畅造型、色泽明丽而显华美高雅。壶身铭文寓意深远，乃文人壶之代表。赏其风格可曰"纤秾"，细腻

横云壶（曼生铭，彭年款。清），南京博物院藏。

纤秀而格调明朗，浓郁华美而清新流畅。正所谓采采流水，蓬蓬远春；窈窕深谷，时见美人；碧桃满树，风日水滨；柳阴路曲，流莺比邻；乘之愈往，识之愈真；如将不尽，与古为新。壶之精者莫过于此。此壶形态从容，蕴含天机，其砂质最为细腻，故表面光滑圆润，铭文寓意深奥，其造型工艺、文化内涵均达到紫砂壶之最佳境界。

曼生十八式之四——南瓜提梁壶

宜兴窑曼生款提梁紫砂壶，约创作于 18 世纪后期至 19 世纪前期。器身作瓜形，巧妙地利用瓜蒂作盖钮，瓜藤作提梁，管状短流，流口朝天，是一件造型与日用结合完美的器皿。胎质细腻，胎色褐黄，器表打磨光滑。器身刻"煮白石，泛绿云，一瓢细酌邀桐君"诗句，下落"曼铭频迦书"款，盖内有"少山"印。南瓜提梁壶为曼生设计，杨彭年制作，曼生与频迦书刻，有"名工名士，相得益彰"之风范。传世彭年曼生壶颇多，但在一件器皿上分别由两位文人撰、铭书刻的则甚少。此壶撰铭、书刻即由曼生、频迦两人合成。频迦即郭麟之号，其与曼生合作的作品传世弥足珍贵。

曼生乃文士，自诩坡仙之徒，一生所崇拜者，首推东坡。适值生日聚会，恰在隆冬，其时炉火新旺，曼生呼朋唤友，煮茶斗诗，乐在此中。其间好友郭麟，把壶言欢，遥指东坡，言及当年"松风竹炉，提壶相呼"，今曼翁诞辰，何妨古为今用，活火煮茶，神游古今，众皆言妙。一语惊醒梦中人，曼生惊异于提壶二字，提梁之意朦生于心，席散人尽，客去主安，长夜漫漫，秉烛夜思，绘提梁于案头，易稿数十，不得真谛。恍恍然，东方泛白，曼生信步入庭，侍女婉儿，恰送南瓜羹。曼生惊喜，忆昔年东坡归田，院内外皆种有南瓜，自己本自诩坡仙之徒，何不以南瓜为壶，与东坡先生同喜南瓜岂不妙哉！再入书屋，依南瓜为壶身，绘三叉提梁，得此南瓜提梁壶式。此壶系有感于东坡提梁壶所得，故文人气息浓郁，文人雅士，群聚得以高朋满座，独处得以与古人神交，人生之乐，莫过于此。其风神可谓典雅。把玩此壶，犹如茅屋赏雨，竹林读诗。似眠琴绿阴，上有飞瀑；如白云初晴，幽鸟相逐。典丽高雅，正是"落花无言意当远，人淡如菊品自高"。

南瓜提梁壶（清末，曼生设计，杨彭年制作，曼生与频迦书刻），唐云捐赠，上海博物馆藏。

曼生十八式之五——半瓦壶

此壶仿汉瓦当，为半月瓦当壶，壶身正面以铁线小篆铭文：延年；背面：不求其全，乃能延年，饮之甘泉。壶底方印：阿曼陀室。把梢方印：彭年。另有一壶铭文：合之则全，偕壶公以延年。

模仿古代器物，是紫砂壶的造型来源之一，瓦当壶为仿汉代瓦当式样，造型独特，一般壶体呈瓦当状，造型以几何线条为主，成型规范有致，线条流畅准确，壶身多有铭文。秦砖汉瓦为名贵之古玩，清代中叶以来犹受文人推崇，多有名家高手制作瓦当壶式。如彭年、耀庭等均有此种佳壶传世。由于瓦当壶取线较难掌握，故一

半瓦壶，亦称半瓦当式紫砂壶（清末，陈曼生作），上海博物馆藏。

般壶匠不敢企及。瓦当壶在配以名家之壶铭，意境更加古补，格调幽雅。瓦当、半月和却月，这三者不是形似，就是名似，初涉紫砂不可不分。瓦当从造型上可视为半月壶两侧削平而成，从平底半圆这一特点看，近似于半月壶，因此又称之为半月瓦当，或瓦当半月。

瓦当壶有个典故——夕阳西下，曼生闲庭信步，漫步于溧阳乡间小径，一间间昔日秦汉民居，在金色夕阳照射下，泛出古典而沧桑的气息，而一排排屋檐上的瓦当，更是透射出一息古色古香的韵味。落日的余晖洒于其上，曼生为之神往，为之倾倒。此时的曼生正在为他的新壶式沉迷。突然灵感乍现，眼前夕阳下的瓦当，有如一个个飞扬着的古铜色的紫砂壶……曼生若有所思，至晚间，一轮新月当空，不禁浮想联翩：新月，瓦当，不都是很好的壶型吗！入得书房，融合新月、瓦当之型，细细描绘，一个完美无瑕的瓦当壶跃然纸上，一款经典的曼生紫砂壶诞生了，曼生为壶命名为"半月瓦当"。半月瓦当壶是曼生十八式中唯一正面刻阳文，阴面刻阴文之壶式，既象形且会意。古之文人以月为寄情首选，多少优美传说源于月亮，曼生也不例外，前已有却月壶，再有半月瓦当壶，可见曼生对于情之载体明月之深爱。或许中秋之夜，重阳之时，手执半月瓦当，抒情释怀乃是最好的选择吧。

♧ 曼生十八式之六——合欢壶

合欢壶是曼生之所爱，壶身铭文："八饼头纲，为鸾为凤，得雌者昌，曼生铭。"另还有一合欢壶铭曰："试阳羡茶、煮合江水，坡仙之徒、皆大欢喜。"壶铭阐释了"合欢"之义，若是东坡的门徒，三五知己，无酒有茶，品茗谈天，足矣。

说起合欢壶，还有一个喜庆的故事。曼生在溧阳为官，上任伊始，便遇到运送"白芽"贡茶上京之重任。曼生召集故友亲朋，全力以赴，因白芽乃是每年皇家钦点的名贵贡茶，须在清明之前作为十纲贡品茶中第一纲运至京城。曼生不敢怠慢，征集、挑选、包装，命人昼夜兼程，送往京城。终如期而至，龙颜大悦。消息传来，曼生及其幕客好友皆欣喜。曼生设宴以贺。席间，曼生一时兴起，挥毫泼墨，写下"八饼头纲，为鸾为凤，得雌者昌"之墨宝。陈曼生的好友郭通对他提议，何不造壶以载此喜，曼生喜不自禁。席间鼓乐欢天，乐手执大镲卖力敲击，声音洪亮悦耳，曼生乃性情中人，下席亲自手持大镲用力合敲，欢喜之情溢于言表。大镲凹凸有致，合则响，合而美。曼生有感于大镲分分合合，奏响人间

欢乐，遂以合镲为样，合欢为名，设计出合欢壶，以朱泥造之，通体大红，富含吉祥与幸福之意。壶成，刻上"八饼头纲，为鸾为凤，得雌者昌"十二字的铭文，作者将茗（八饼头纲茶）、壶名、壶形（合欢壶）巧妙地构建其间，撰成一则切茗、切壶名兼切壶形的佳铭。"八饼头纲，为鸾为凤，得雌者昌"，这十二个字成为合欢壶的铭文，由陈曼生题刻于杨彭年所制的一个合欢壶的壶肩。

"八饼头纲"是指北宋著名的贡茶——福建建溪龙凤团茶。此茶由北宋丁谓、蔡襄始创，曾名重一时。建溪龙凤团茶最好的是"头纲"，即惊蛰或清明前制成的首批贡茶，"头纲"茶品质优异，数量极少，主要用于进献皇上。当朝的高官权贵曾有"黄金可有，而茶不可得"的感叹。"八饼头纲"团饼茶上都饰有龙、凤图案，这里所指的图案是凤的同类："鸾"与"皇"。"鸾"是传说中的五彩神鸟，古作"皇"，今作"凰"。"凤"和"凰"也是古代传说中的五彩神鸟，雄称凤，雌称凰。古人相信，能够见到鸾鸟和凤凰则天下安宁，"得雌者昌"。"鸾"和"皇"（凰）是古代传说中的神鸟，是人们心目中

合欢壶

 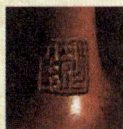

的吉祥鸟，是人们心目中兴昌的一种象征。贡茶的制造者在"八饼头纲"团饼茶上饰龙、凤图案，一方面是为了讨皇帝的欢心，另一方面也是寓意："见则天下安宁"。合欢壶又极富天趣，取皆大欢喜之意，适用于节庆、祝福聚会之场合以添乐趣。合欢壶为曼生喜极而制，故此壶风格绮丽，所谓雾余水畔，红杏在林，典美精工，余味无穷。拥此壶而品茗，必逢喜悦之事。捧壶把玩，有如重回当年曼公呼朋唤友鼓乐欢天之场景，喜不自禁由壶传。

古代文人墨客，大多也是官员。陈曼生就是一个通过科举入仕，从低级的幕僚做起的清代文人。陈曼生嘉庆六年（1801年）三十四岁拔贡以后步入政坛。但他的官运似乎并不"亨通"，只做到知县和海防河务同知等级别不太高的官职，其间做过溧阳知县、赣榆知县，最高的官职是江防同知和江南海防河务同知。书画、紫砂都是文人的雅兴，圈子很小，想必当初他是作为一个官员出现在世人面前，他的众多名号如"夹谷亭长"、"西湖渔隐"等，反映了他的生活状况和文人心态。

陈曼生是一个体贴民生的有作为的官员，他身在官场，心在壶艺，且才华过人。据记载：陈曼生性爱交游，于学多通解，自以为无过人者，遂壹意篆、隶、行、草书，为诗不事苦吟，自然朗畅。陈曼生是一个绝顶聪明的人，能力很强，处理政务，起草文稿能"走檄飞草，百函立就。"他又很谦虚，"自以为无过人者"。据介绍，"陈鸿寿初以古学受知于阮芸台尚书，尚书抚浙时，与从弟云伯同在幕府，有二陈之称"，从此处可见他是以幕僚之身步入政坛的。陈曼生跟随的浙江巡抚阮元(1764－1849)，是提倡"学术自任"的经学大师，曾编辑《经籍纂诂》，校刊《十三经注疏》，道光时官至体仁殿大学士。与陈曼生同乡、同僚中也不乏文坛高手。在这样一个文人气息浓重的官场，居然有"群以为不可及"的评价，从中可看出陈曼生的横溢才

紫砂壶里的中国（四）

气。还有一条关于陈曼生的记载，对他的生平描绘得更为详细。嘉庆六年（1801 年）拔贡以后，他被"考以知县用，分发广东，丁忧服关，奏留江南，署赣榆县，补溧阳县。后河工江防同知，海防同知。道光二年以风疾卒于任所，享年五十有五。"《墨林今话》卷十记载，陈曼生为官"廉明勇敢，卓著循声，创文学、修邑志、办赈之善，为大江南北最。"

曼生十八式之七——匏瓜壶

清朝官制，部分官员的家眷是不能带在身边的，因而曼生夫妻不能长相厮守。曼生遂以壶寄情，以解相思，无奈终不能创一中意之壶。一日，曼生偶读曹植《群芳谱》，其中有句"叹匏瓜之无匹兮，咏牵牛只独勤"，不禁对其中的匏瓜细细探究起来。匏瓜，又称瓢葫芦，是葫芦的变种。更有趣者，古代将匏瓜用来比喻男子无妻独处的象征，就像匏瓜星靠着织女星和牵牛星，只能作个大灯泡。曼生不禁哑然失笑，心想：此物不正好寄我之思，释我之苦矣。遂遍寻匏瓜数日，日日观摩，终成此一不寻常之壶式，名曰：匏瓜壶。此壶与曼生葫芦壶有异曲同工之妙，设计之新不可多得，成壶本意乃缓解思念之苦，壶身铭文却是以匏壶饮茶最适合，寓吉祥美满之意。后来此壶成为清代大收藏家吴大澂的藏品，而吴大澂又是唐云好友吴湖帆的祖辈。既是巧合也是缘份。再后来，"大风堂"门人、山水画家胡若思在苏州看到了这把流落民间的匏瓜壶，便为唐云以重金买了回来，从而成为唐云八壶精舍藏壶之一。

匏瓜壶的壶身铭文："饮之吉，匏瓜无匹。"对于这一铭文，鉴赏家们众说纷纭。如果说"匏瓜无匹"是指男子没有配偶，那为什么曼生又说"饮之吉"呢？匏瓜，一作瓟瓜，"瓟子江南名扁蒲"。普通葫芦有数种：果实细长椭圆者曰瓟，扁圆者曰匏。匏之有短柄大腹者曰葫，葫之两端大而腰细者曰蒲卢。匹是配的意思。匏瓜既然有合卺之说，可用来祝福婚姻美满，也可以说匏瓜代表吉祥，所以曼生思妻而创制了匏瓜壶是合逻辑的。也有人提出另一种可能：陈曼生不是个热衷仕途的文人，那么"系而不悬"的匏瓜正象征他的心意，当然"饮之吉"，而"无匹"可以解释为无可匹敌。

品此壶之风格，行家有二字赞曰："疏野"。疏野者，疏宕超脱，不拘于物，野性寓于率真，天机见之自然，固非一味粗野荒疏者所可得。把此壶，陶陶然返璞归真，所谓桃花流水，时时迷路；而深山桂树，往往逢人。当年曼公融情入壶，而今拥者赏之释怀。

有关曼生当官任职的情况，历来说法较多，现在可肯定，他未曾担任过宜兴知县，而是出任溧阳知县，但任职时间说法不统一。据《溧阳县志》记载，陈曼生在溧阳应是主政两任，担任知县共六年之久。陈曼生在溧阳任上政绩显著，可谓是为官一任，造福一方。

匏瓜壶

尽管他在任之日政声斐然，但他毕竟不会是左右逢源时时春风。在生存与生活层面上从无奈的选择至刻意的追求，他将全部的兴趣和意念转向艺术性的器物——紫砂壶，将生活的实用性与自身清高的意境相连，向积极光亮的艺术层面提升。

在溧阳任知县是陈曼生的仕途和文人生涯中最为得意的一段。溧阳与宜兴相邻，宜兴紫砂壶在明代名声大振。入清以来，宜兴紫砂壶发展已相当成熟，不少达官贵人、文人雅士、工商巨贾纷至沓来。陈曼生以其书画金石之功力，结交制壶名匠杨彭年等人，又加上文人墨客、同僚幕客共同"传唱"、"把玩"，使陈曼生的参与紫砂壶艺的创作生涯达到顶峰，其设计的多种紫砂壶式，被通称为"曼生十八式"。陈曼生的所谓风雅逸事也由此发端并日见精彩，这正与溧阳相邻宜兴有关，宜兴紫砂壶给了他无穷的乐趣。在这里，相对稳定的生活和一定的社会地位，加上曼生生性豪放热情、兴趣广博，各地贤俊名流踵门结交，萃集左右，歌诗酬唱，书画往来，名噪海内。

☁ 曼生十八式之八——笠荫壶

笠荫壶，又名"笠式壶"，也有人称之为台笠壶、斗笠壶，是曼生十八式之一。笠荫壶造型像旧时农家用的斗笠，也似今日的草帽，大大的帽沿，上面一个隆起的帽顶，外加壶嘴和壶把，简单而又耐看。曼生笃信佛教，故喜作佛壶，日常行事也观察入微。一个仲夏的晌午，曼生微服出巡，体恤民情，行色匆匆，饥渴难耐。在山路上，曼生偶遇一小店，信步入坐，清茶入口，酷热顿失。邻桌端坐一僧，

笠荫壶（杨彭年制，陈曼生铭）
此笠荫壶，高78mm，口径32mm，为杨彭年制、陈曼生铭。底印：阿曼陀室。把下印：彭年。壶身铭："笠荫喝，茶去渴，是二是一，我佛无说。曼生铭。"为上海画家、收藏家唐云藏品。

观其举止，不禁颔首，起身相揖曰："施主此生有佛缘，阿弥陀佛。"曼生还之以礼，僧人以斗笠赠之，飘然而去。曼生愕然，执笠于手，若有所思，乃呼小二，笔墨伺候。山间小店，哪来四宝，小二情急之下，撕下账本中的一张空页，递给曼生。曼生执笔，依笠而绘，壶随心生，跃然纸上。曼生慨叹佛之无量，惆怅无语，感恩所获清凉馈赠，谢佛之赠斗笠，遂为此壶取名笠荫壶。此壶造型似暑天所用之箬笠，形状简朴，色泽古雅，令人喜爱。壶身铭文深具哲理，耐人寻味，意为笠能遮阴去暑，茶能涤渴去烦，静抚心灵，孰轻孰重，连佛也说不清，道不明，还是由把壶之人细细品味其中之奥妙，安享人生之福吧！告诫世人珍惜眼前之人之物，失之不再，重在惜福，所以曼生壶特别为文人艺术家所喜爱。

　　笠荫壶以情造型，浑然交融，故精神倍显，正是精含于内，神

见于外。古人云，人无精神，便如槁木；文无精神，便如死灰；而壶无精神，便为俗器。更可贵者，精神从自然来，惟其自然浑成，妙得造化机杼，方能生气远出，精神迸露，佛家学说蕴含其中。把此紫砂壶而饮，观其色，抚其形，饮其茗，闻其香，思其神，想此亦如沐其情，如临其境，悠悠然令人神往。这把笠荫壶原为江苏著名画家亚明的藏品，后被上海画家唐云见到，回到上海后，寝食不安，念念不忘，于是又赶到南京，住在亚明的沙观居中，反复观看，如此往返几次，爱不释手。亚明见唐云已老，生怕往返劳顿出事，便慨然相赠，此壶就成了唐云"八壶精舍"的珍藏之物。

曼生十八式之九——周盘壶

周盘壶有两把不同铭文的，另一壶肩铭文：台鼎之光，寿如张苍，曼生作乳鼎铭。十四字，为阴刻秦汉体，刀法纵肆爽利。壶身有二印，把下一印为"彭年"二字，壶底中间一印为"香蘅"二字，二印均为阳文篆书。该壶1986年1月出土于淮安市河下镇清王光熙墓，藏于淮安市博物馆。其泥质呈肝紫色，淘制细腻。壶呈扁圆形，坡颈平口。壶盖周边突起，扁钮。壶嘴短，内壁为一眼。把呈圆形，直腹，壶底有呈等腰三角形排列的三个乳状足。

周盘是曼生长期为人处世之思想结晶，为曼生经典壶型之一，其经典在于所蕴含的坚持己见、曲直合一的意志。周盘壶坡颈平口，平盖扁钮，泥质泛紫，遒劲中出媚姿，纵横中见青铜遗韵，肃然绝俗。寓意为人处世，宽容大度，能屈能伸。其境界有如将白云、清风与归，远引若至，临之已非，诵之思之，其声愈希。对于常以古人之道用以自勉抑或修身养性之人来说，此壶所蕴含的意境已经远远超过壶本身的实用价值和艺术价值。拥壶自省，以净其身。相逢重大抉择，执周盘品清茶，三思而后行，方能至方至圆。壶身铭文：吾爱吾鼎强食强饮，曼生作乳鼎铭。

曼生喜好夜读，每每捧卷至深夜，间或倦怠，品茶以缓之，闭目静思。十年寒窗无人晓，一举成名天下知，而其中艰辛唯有自己能够体味，更何况为官处世，为自保有时不免强己所难……思之，不免惆怅，起身信步，恰见置于小桌之罗盘，随手拨弄，见其勺柄经由其转，却始终如一，指向一方。曼生感叹，罗盘虽如铜勺，表面圆通，却坚持己见，曲直合一乃为人之道也。遂以罗盘为原型，绘壶以省之，名曰周盘，因其三足形似乳钉状，故又称乳鼎壶。此壶圆润而不失刚劲，三足鼎立方显智者胸襟，周盘暗蕴太极，有形而无穷，或曰大视野，宽胸怀，任凭大风大浪，我自巍然不动。鉴

周盘壶（杨彭年制，陈曼生铭），壶身铭文：吾爱吾鼎强食强饮，曼生作乳鼎铭。

赏周盘壶，可以感受到在曲与直之间自如流转，似界限分明，刚直如一，润泽有余，自然地流露出曲直合一、刚中带柔的可贵气度，古朴雅致。

曼生十八式之十一——石扁壶

曼生为人正直，才华横溢，故追求者众，以"斯室陋室，唯吾德馨"自居。曼生一生钟爱紫砂茗壶，然常叹平生未得一式以尽显才学。阳赴任，已过三载，调令将至，而此壶未得，茶饭不思，寝食难安，夜卧冷榻，久不成眠，小童唤之，起榻跟随。行至一桥，小童不见，桥头置一五彩石，上书"有扁斯石，砭我之渴"。曼生拾之，得意忘形，失足落桥，梦中惊醒乃南柯一梦，而圆石、八字却历历在目。于是曼生起床，掌灯夜画，以梦中所见之石，为壶身绘好壶流、钮、把，画出了一款千古难觅之壶式。曼生有如高山流水遇知音，喜极而泣，有诗为证：无悔三载苦寻觅，南柯一梦巧画伊。尽展平生八斗才，一朝得之累吾泣。

初识石扁，并不起眼，造型古拙，壶面粗糙，然再细细观之，则觉其意犹未尽，粗中有细。久而观之，乃觉此壶大拙大雅，内涵至深。拥此壶以饮茶，自觉文气高三分。有人说，宁静以致远，用于此壶是最为恰当的，或曰其中蕴含之"石"与"时"之天机，石扁至，乃时来运转之意也。石扁壶是曼生平生诗词功底的展示，以壶为书，载其所学，紫砂壶上的诗词书法，是曼生风情与文学思想之完美体现，其美学价值与文学价值珠联璧合，堪称一绝。此壶风

石扁壶

格新奇古健，清绝奇峻，简洁大方，线条优美，作工精致，给人以厚实凝重之感。壶身铭文：有扁斯石，砭我之渴。品其境界，晴雪满竹，隔溪渔舟。可人如玉，步履寻幽。神出古昪，淡不可收。如月之曙，如气之秋。正是：一把茗壶清入骨，三盏淡茶瓢欲仙。古人以今日拥壶自珍，遥念曼公。

☁ 曼生十八式之十一——扁壶

陈曼生的一生虽然他在仕途上并未飞黄腾达，但在艺术上十分成功。明清时期，不少文人在"入世"和"出世"之间徘徊，一方面，文人追求真趣真性情，另一方面，文人又需要谋生，他们往往在从政方面难以保身立命，那就只得在非政的方面谋得表现的天地，于是他们当中有一批人的兴奋点转向把玩古玩、书画，喜欢茗茶，在无奈的取舍中保持对生活美好的追求，使他们的生活呈现出了新的亮色。在这样的时代背景下，陈曼生不凡的艺术成就正是是基于他深广的艺术修养、独特的人格和艺术思想。陈曼生说："凡诗文书画，不必十分到家，乃见天趣。"质朴自然，情意真切，乃其艺术宗旨，温柔敦厚乃其秉性。

陈曼生将"天趣"这一艺术主张，付诸紫砂陶艺，形成壶界两大贡献。第一大贡献，是把诗文书画与紫砂壶陶艺结合起来，在壶上用竹刀题写诗文，雕刻绘画。第二大贡献，他凭着天赋，随心所欲地即兴设计了诸多新奇款式的紫砂壶，为紫砂壶创新带来了勃勃生机。陈曼生曾自题三十九岁小像曰："古人皆可师，今人皆可友"；"大事不糊涂，小事厌烦数"。皆显其磊落胸襟。陈曼生喜漫游，遍历燕齐楚粤，故乡钱塘更难忘怀，曾偕友苏堤偶步、虎跑试茗、玛瑙寺修禊、

扁壶（彭年制，曼生铭），南京博物院藏。

该壶形扁，如井阑，也称为井形壶，通高5.5厘米，口径6.8厘米，壶腹铭行书"止流水以怡心"，署"曼生"，底钤篆书阳文"阿曼陀室"方印，把梢钤"彭年"二字篆书阳文小方印。造型为扁鼓形，敛口，平肩，侈腹折收成平底，假圈足。盖表饰凸弦纹一道，钮为乳钉状。管状流，环形把。制作精致，质地细腻，色泽暗红。

宝石山题诗，成就诸多名篇。其斋居"桑连理馆"，酒宴琴歌，座上恒满，论诗作画，留下诸多佳话。曾画秋菊茗壶一小帧，题曰："茶已熟，菊正开，赏秋人，来不来。"风趣隽永，极具幽默感。使人感到，陈曼生的幽默风趣，不但是一位没有官气的小官僚，还是一位妙趣横生的文人。入妙文章本平淡，等闲言语变瑰琦，曼生逸致，由此可见矣。

香港中文大学与上海博物馆、南京博物院合办"书.画.印.壶：陈鸿寿的艺术"展览，展品汇集三馆及本地公私收藏陈曼生的书法、绘画、篆印、砂壶作品近百项，并出版研究专刊，深入探讨陈曼生的生平、交游、艺事、壶作、壶铭等，较系统地介绍了陈曼生多方面的艺术面貌和成就。陈曼生以他深厚的艺术修养和独特的审美情趣，结合其人生阅历并对生活的细微观察，取诸自然现象、器物形态、古器文玩等，精心设计紫砂茶壶。崇尚"天趣"的艺术取向，形成了他追求质朴简练的艺术风格，他所设计的紫砂茗壶力求在"简"字上做文章，绘画题诗，简约隽永，文切意远、耐人寻味，融造型、文学、绘画、书法、篆刻于一壶。

❦ 曼生十八式之十二——葫芦壶

曼生自幼家境贫寒，故饱读诗书，刻苦用功，十年寒窗，终成正果，得以入仕途，却不忘为官清廉，两袖清风，亲戚亦多为清贫之家。一日，一远房外甥来访，竟以一担青葫芦为礼。曼生不觉礼薄，热情款待。侄儿虽清贫，却也酷爱读书，临走道别："区区葫芦不足为礼，送福

葫芦壶（史永棠作）

送禄与舅，恭贺亲舅福禄双全。"曼生大喜，连声道谢。外甥别后，曼生捧葫芦逐一观看，甚觉可爱，遂信手拎起一只，置于案头作画，画毕再观，越觉有趣，重又置笔墨，依葫芦作式样。本是信手涂描，岂料一绘成真，壶钮上之小环，更是点睛之笔，曼生乐之，遂命名葫芦壶，取"福禄"双全之意。

此壶特别之处，在于壶钮置一小环，轻轻把玩，丁当之音不绝，有如曼生细语送福，可谓情通古今，情趣盎然，壶似葫芦，情寄相思。其壶质地细柔，造型古朴，泽地典雅，贵如瓯彝。观此壶有沉着之气，其一曰意味淳厚，气势沉雄；其二曰矫健劲朗，沉中蕴清，壶钮小环，盎然生情，精雕细琢，巧夺天工。壶身铭文：田家屋上，山窗依样。还有一款铭文：作葫芦画，悦亲戚之情话。此铭文取自陶渊明《归去来兮辞》"悦亲戚之情话"。葫芦壶取形于葫芦瓜，葫芦有思乡怀人之意。此壶像作的葫芦画一样，可以高兴地和亲戚朋友谈谈知心话。

93

曼生十八式之十三——四方合斗壶

受古文献熏陶，曼生信奉"天圆地方"之说，故一直想造一方壶以示人行天地间，却每每不得其式。盛夏之夜，繁星满天，曼生仰天而视，细观星相，见星罗棋布，亦方亦圆，若有所思，观之弥久，越觉人之渺小，为人为官不易，自己又一味志行忠方，不禁感慨万千，手捧合欢茗壶，脑海中浮现出造一茗壶以表我心之意图，遂置合欢于书房，细细端详，因曼生喜用合欢，故想以合欢而绘心中之茗壶。雄鸡报晓，曼生易稿七十三，终未得其壶形，再端合欢，其骨架傲然，若变曲为直，岂不正如所愿，曼生不顾劳累，以合欢为骨架变曲为直，终成有棱有角之方正壶，而此时银河星空星光闪闪，意寓吉星高照，北斗南斗同月而辉，遂以合斗命名之。

四方合斗壶，为曼生壶十八式之一。此壶以紫泥烧成，呈紫红色。壶身下半部是以四片斗形泥片与一正方泥片镶接而成的斗状，壶身上部相接四片覆斗形的泥片，上下组成合斗形的扁方壶。壶身虽扁，片片相接，显得方正不阿，一丝不苟。器型外表平整、挺括，尽现阳刚之气。壶钮为弧状方钮，于方中见圆，刚柔相济，更觉与众不同。

四方合斗壶（史永棠作）

直流嘴中间收缩成喇叭状，嘴头齐整锋利，耳形方把与壶嘴同样成上拉之势。形成对称协调有致的夹角，规整有度。整款壶神态矫健，线面衔接过渡平稳，制作技艺精湛，美妙绝伦。壶身铭文：北斗高，南斗下，银河泻，阑干挂。　北斗，斗宿也，二十八宿之一，亦称北斗，又名南斗。《诗　小雅　大东》："维有北斗，不可以把酒浆"。银河，天文学名辞，为白云色之带，在天空中成一伟观。泻，水倾泄也。阑干，编木为遮阑横钭庭院间曰阑干。古乐府《善哉行》："北斗阑干。"谓北斗横钭之意。　另有一壶身铭文：粥斗，天浆，润渴墨。粥斗，意思是挹酒于尊中。浆，谓甘露。古以甘露为瑞征，谓天下升平则甘露降。渴墨，谓笔枯少墨也。李日华《渴笔颂》："书中渴笔如渴骥，奋迅奔驰 难制。"还有一款因曼生所题书画、铭文而显珍贵。壶身一面镌刻山水画，另一面刻："北斗阑干南斗斜，合为一点露珠珠。"曼生所题铭文内容既切壶又切茶，可谓相得益彰，尽善尽美。

四方合斗壶棱角分明，方正可鉴，四平八稳，告诫世人为人处事须刚正方直，智欲圆而行欲方，乃智慧之壶。此壶寓形寓意，聚天地之灵气，为曼生传世茗壶中唯一之方壶。观之风神劲健恢张，势重千钧，正如行神如空，行气如虹，走云连风，为曼生壶之经典壶式。

曼生十八式之十四——半瓢壶

半瓢壶，整体平滑光亮，满洒冷金斑，壶体造型别致，为平底。腹底大，呈半瓢状。盖及盖钮与腹呈相似弧形。嘴短而直，嘴近出水处稍向上弯。壶盖呈馒头形，有套环钮。壶柄向外回转呈倒耳状，

半瓢壶（史永棠作）

与嘴对称。此壶典雅古朴，造型朴拙，制作精工。

　　曼生爱梅，乃于后院种梅多株，闲暇之余亲自劳作，为之松土，除草，仆人取井水以半只似葫芦的水瓢浇梅，曼生好奇，捧之端详，甚觉古拙天趣，问仆人以何物成此水瓢。仆人告之是取成熟瓢瓜剖之，去其瓜瓢，风干即成。曼生惊异于造物之神奇，不禁触景生情，乃取仆人手中之水瓢为样设计紫砂壶，以半瓢为其命名，取其回归自然，返朴归真之意。也表达了曼生视眼前荣华如烟云，而回归自然，隐退田园的追求。在曼生看来，万事万物，阴阳造化都乃天意昭然，世间万物都乃灵气所聚，百态皆神奇，却万变不离其宗，繁出于简，最简洁的就是最原始的，也是最真实的。一个半瓢，囊括了圆之所有，物本天成，借来用之，方显匠心独具，无可拟比。

　　半瓢壶以简为贵，简洁大方，体现了文人对于日常生活观察入微，注重生活情趣。壶身铭文更是言简意赅，每日饮茶，如饮瓜汁，不仅带来吉祥，更能强身健体，延年益寿。此壶风格谓之自然，因其自然浑成，故能气格超胜。《文心雕龙》云：云雨层云雕色，有逾画工之妙，草木贲华，无待锦匠之奇，或曰：如逢花开，如瞻岁新，宜春日强，饮吉正此之谓也。

曼生半瓢壶以半瓢为器身，流短而直，把成环形，盖上设弧钮，把梢印"彭年"，底印"阿曼陀室"。壶身铭："曼公督造茗壶第四千六百十四。为泉清玩。"还有一款阴刻行书："为惠施，为张苍，取满腹，无湖江"，署名：曼生。壶底有"阿曼陀室"铭款，柄梢下有"彭年"小印一方。

❧ 曼生十八式之十五——石铫提梁壶

某日，曼生劳累不适，修养于家中。好友江听香闻之，登门探访。曼生设茶待客，二人以茶为题，相谈甚欢。谈及古人所用茶具，认为"器之要者"首推铫，煎茶煮水皆宜。古人以石、铜、瓷为铫，铫以薄为贵，故因石铫太厚而不宜，铜铫则腥涩异味，瓷铫又不耐火。谈到这里，听香说："曼兄，何不以紫砂而为铫。"曼生早有此意，乃欣然提笔，画铫以为壶型，为适手而设置提梁。壶成，初命其名曰铫梁，又思不妥，因铫之初乃石器，故命名之曰石铫提梁，取清新、原始之意，终成一经典曼生壶式。此壶系以铫为型，古朴庄重，大气雄浑。反虚入浑，积健为雄。提壶临风兰亭上，便觉凌虚太空中。荒荒油云，寥寥长风。超以象外，得其环中。真乃雄视千古，浑沦无涯。

此提梁乃十八式三款提梁中的经典壶式，把玩此壶可融通古今，神交古圣与先贤。此壶虽因选茶具材质而得之，却蕴含玄机，万物皆藏灵气，适者而成之，任何事物都有其适用规律，择其最合适者而用之，才能功德圆满，水到渠成。壶身铭文：铫之制，搏之工，自我作，非周种。曼公作石铫铭。

石铫提梁壶
（史永棠作）

☁ 曼生十八式之十六——合盘壶

合盘壶扁，圆形折腹，壶身由上、下盘两部分组成，上盘像个反扣着的盘子，下盘也像个盘子，为扁圆形，状似两盘相合而成，故称合盘壶。该壶用泥条围坯、分别拍打成盘状，再将两盘镶接成折腰形。腰线鼓出，向上、下呈反弧收敛；颈、足皆矮，外廓曲线，秀美流畅；流短向上勾曲，肖于上盘边沿；圈把圆环，置于上、下

合盘壶（史永棠作）

盘之间；平盖，截盖高盘，配以桥钮，高弧形桥钮挺立。情切意拙，耐人寻味。

表面看来，壶身与各部件处于很难协调的境地，胥出之位置，身筒折腹处，一捺底与平盖高钮更显视觉上的突兀。然而，经过大师巧妙的处理，盘盖与壶身浑然一体，质朴而无瑕。壶身整体的各部比例，都恰到好处。一唱三叹却不偏主旋律，简而不少，朴而不虚。壶腹上部刻铭："竹里半炉火活。"壶铭切茶、切水。

曼生十八式之十七——石瓢壶

关于石瓢壶，本书有专章介绍，故此处从略。

陈曼生于金石书画以外，以设计紫砂壶最为人称道，是中国第二代紫砂壶大师的领军人物，也被称为文人深度参与紫砂制作的史上第一人。说到陈曼生与紫砂壶，还有一个故事。1769 年的某一天，钱塘江畔、杭州城里一户人家热闹非凡，按当地习俗，家里的

99

一个小男孩满周岁了，要"抓周"。大人们将两个大八仙桌拼在了一起，上面摆了书本、毛笔、算盘、元宝、字画、紫砂壶等各式物件。一岁的小男孩被抱上了桌子后几乎目无旁顾，不假思索地径直爬向了紫砂壶，一把抓起了紫砂壶紧紧抱在了自己的怀里不肯松手。"壶"、"福"同韵，家长们见了后都十分高兴，认为小男孩是个有福之人。"抓周"抓了把紫砂壶的小男孩，长大后琴棋书画无所不能，更是与紫砂壶结下了不解之缘，他就是紫砂史上的大名家陈鸿寿，即陈曼生。长大后的陈曼生与杨彭年的合作，创作的紫砂壶堪称典范。现在我们见到的嘉庆年间制作的紫砂壶，壶把、壶底有"彭年"二字印，或"阿曼陀室"印的，都是由陈曼生设计、杨彭年制作的，后人称之为"曼生壶"。

阿曼陀室为陈曼生书房之室名，在陈曼生自书的尺牍书页上，钤有"阿曼陀室"印章。民国李景康、张虹《阳羡紫砂壶图考》："尝疑'阿曼陀室'为曼生室名，而苦乏佐证。去春因研究曼生书法，叶子次周出其尊甫所藏曼生墨迹尺牍十数通，牍尾赫然有'阿曼陀室'印章，始知曩者所疑果获证实。或疑曼生去任（溧阳县宰）后，以'阿曼陀室'印贻彭年，姑备一说。"说到"阿曼陀室"也有一个故事。一天，陈曼生家里又来了一批诗友。一番吟诗作对之后，诗友们来到了桑树依依、花草铺地的院子里，延续他们的诗情画意。这时，有一位诗友惊叫了起来，原来他发现有两棵桑树竟有枝桠长在了一起。这叫"连理枝"，被认为是很吉利的。大家十分高兴，陈曼生更加兴高采烈，决定将自己的书房改名为"桑连理室"。后来，陈曼生在他的"桑连理室"迎来了一位来自宜兴的紫砂师傅，名叫邵二泉。邵二泉是来看陈曼生收藏的紫砂壶的，邵二泉希望能在这里寻找一些创作上的灵感。在细细把玩了一阵陈曼生收藏的紫砂壶后，邵二泉为悬挂在墙上的"阿弥陀佛"四字墨宝所吸引。他提议将室名改为"阿曼陀室"。从此，陈曼生设计杨彭年制作的紫砂壶上，就有了"阿

石瓢壶（史永棠作）

曼陀室"的印迹。

陈曼生使紫砂陶艺更加文人化，制作技术虽不如明代中期精妙，但对后世影响很大。他与当时的制壶名家杨彭年合作，由他或是他的朋友题铭，这种富于文人艺术的紫砂壶，以"曼生壶"知名于时，尤为后世宝爱。上海博物馆藏有三幅陈曼生的册页，构图相近，均以紫砂壶和菊花入画，画面简洁，清秀可爱，足见曼生嗜壶之癖。三幅画有相同的题识："茶已熟，菊正开，赏秋人，来不来？"

曼生十八式之十八——石瓢提梁壶

史永棠根据曼生石瓢提梁全手工制作的石瓢提梁，壶体器形敦厚，大气稳重，线条流畅饱满，提梁的空间感处理的恰到好处，虚实结合，妙韵浑然天成。该壶由金田（闻正荣）合作装饰，壶体正

石瓢提梁壶（原矿民国绿泥，200cc，史永棠作）

面陶刻"开心暖胃门冬饮，却是东坡手自煎"，增添文人气息；反面光素，尽显素净之美。

　　陈曼生铭石瓢提梁创制于清嘉庆年间，又名石铫式提梁壶，壶身为圆筒形，由下向上渐敛，有提梁及直流。穹形壶盖，半环盖纽。壶身两面以陈曼生特有的西泠爽利刀法隶书刻铭，金石气十足。一面刻"仿坡公石铫作酒器"，另一面刻"君子有酒，奉爵称寿"。壶盖内有小印"彭年"，即制壶者为杨彭年。彭年壶与曼生铭互相成就，乃为名品。曼生爱壶，自然好茶，他自幼受茶道熏陶，对中国茶的研究颇有造诣。一日翻读《桐君灵》，以究茶汤之药效，恰有诗人好友钱菽美到访，曼生以新制古瓢煮白石以待之。好友随口说："石瓢乃曼公最为钟爱之壶型，何不置提梁于此壶，以观其效？"曼生闻之心动，致谢好友说："一语惊醒梦中人，吾又得一新壶矣！"

　　石瓢是曼生壶中经典，曼生一生最爱之，因而选段泥以塑之，

102

色泽鲜亮，造型大气。曼生爱之心切，意犹未尽，经好友提醒，乃心随石瓢而动，遂取名石瓢壶，依壶绘之，去壶柄，设提梁，几易其稿，得提梁石瓢壶。在此期间，曼生经历了阅读《桐君灵》，好友到访煮白石以待，曼生不禁灵感乍现，妙笔生花，为壶题铭"煮白石，泛绿云，一瓢细酌邀桐君"之千古绝唱。题铭中的白石、绿云、瓢、桐君皆有出处。白石，乃白石茶也。据《云林遗事》记载："倪元镇素好饮茶，在惠山中，用核桃，松子肉何真粉成小块如石状，置于茶中饮之，名曰清泉白石茶。"白石还见于田艺蘅《煮泉小品》，书中写到："择水中洁净白石，带泉煮之，尤妙尤妙"。绿云，形容以清泉煎煮白石茶，那茶汤清澈明亮，白花浮在碗面，热气袅袅而上，犹如流起的绿云也。见宋吴淑的《茶赋》，赋中写到："其功若神，则有渠经薄片，西山白露，云垂绿脚，香浮碧乳。"故好茶可称绿云。瓢，见陆羽《茶经》引晋舍人杜毓《 赋》："酌之以匏"，匏，瓢也。口阔，颈薄，柄短。桐君，见宋吴淑《茶赋》："烹兹苦茶，桐君之录尤重"。桐君，相传黄帝时人，尝采药求道，行医济世，在浙江桐庐县，东山湾大桐树下，结庐栖身，有问姓名者，但指桐下茅庐以示，时人尊称为桐君。品饮清泉白石茶，何以定要相邀桐君一起品饮呢？原来桐君虽识草木金石性味，并撰有记录茶事的《桐君录》和《采药录》等药书，正如唐代诗人刘禹锡在《西山兰若试茶歌》中所云："炎帝虽尝未解煎，桐君有录哪知味。"传说中神龙氏尝百草以茶解毒，但没有煎饮过，桐君记录茶事，却没有品过茶的滋味，现在要品饮倪瓒创制的这种"白石茶"并得其真趣，自然要邀请这位"有录哪知味"的桐君了。

石瓢提梁是曼生十八式中唯一重复的造型，可见曼生爱石瓢之深。紫砂壶中两款石瓢均成千古唯美经典。此壶意境最为深远，融通古今，寓意主人热情好客，以致高朋满座，尤以壶身铭文最有文化气息，耐人寻味。其造型风格可谓缜密，意象欲生，造化已奇。

103

有水流花开，清露未晞之境；如犹春于绿，明月雪时之晴。皆因其匠心高妙，所以真现密隐，所谓天衣无逢，一片化机。

☁ 曼生壶是一个时代的创造

在清嘉道年间，陈曼生致力推进紫砂壶艺，传说他手绘十八种壶式。曼生十八式是陈曼生的贡献，但也不仅仅是他一个人的艺术，曼生壶凝结了彼时彼地一批艺术家的创造，是一个时代的创造。蒋宝龄描写陈曼生"宰溧阳时名流麕至"，在这样一个艺术氛围浓厚的文化圈子里，除了杨彭年、邵二泉制壶，还有陈曼生的朋友钱叔美（杜）、改七芗（琦）、汪小迂（鸿）参与，幕客江听香、高爽泉、敦频伽、查梅史等人，撰铭奏刀雕刻于壶上，将紫砂壶艺中融入文学、书法、篆刻等艺术要素，形成一种独特的文人壶风格。

说到曼生壶，都要提到紫砂陶工杨彭年等为之制作。传说嘉庆二十一年，陈曼生在宜兴附近的溧阳为官，结识了杨彭年，两人相见恨晚，从此便开始了创作紫砂壶的传奇故事。陈曼生对杨氏"一门眷属"的制壶技艺给予鼓励和支持，更因自己酷嗜砂器，于是在公余之暇，辨别砂质，创制新样，设计多种造型简洁、利于装饰的壶形。杨彭年，字二泉，号大鹏，荆溪人，是清乾隆至嘉庆年间宜兴紫砂名艺人，与弟杨宝年、妹杨凤年同为制壶高手。杨彭年除了与陈曼生合作，还与当时的名人雅士瞿应绍（子冶）、朱坚（石梅）、邓奎（符生）、郭麟（祥伯、频伽）等合作镌刻书画，世称彭年壶、彭年曼生壶、彭年石瓢壶等，声名极盛，对后世影响很大。据史料记载，杨

六菱壶（壶盖铭文"饮之延年"，壶底篆刻印"荆翁拾得"），龙之堂黄素量藏。

彭年的工艺在当时就十分了得。如《耕砚田笔记》记载："彭年善制砂壶，始复捏造之法。虽随意制成，自有天然风致"，由杨彭年制成的茗壶，玉色晶莹，气韵温雅，浑朴玲珑，具天然之趣，为文人所好，艺林视为珍品，被人推为"当世杰作"。杨彭年首创捏嘴不用模子和掇暗嘴之工艺，虽随意制成，亦有天然之致。他又善铭刻、工隶书，追求金石味。《阳羡砂壶图考》记载："（彭）善配泥，亦工刻竹刻锡"。

　　杨彭年的盛名传世和他与陈曼生的结合有着重要的关系。陈曼生的艺术实践和天赋，对杨彭年的壶艺产生了很大的影响。陈曼生的壶样设计和艺术指导，使杨彭年获益匪浅。陈曼生在艺术方面的造诣以及审美层面的追求，与工匠杨彭年不自觉的灵性发挥相结合，使制壶工艺向更高层次发展。杨彭年的制壶、练泥的技术一旦为陈曼生所用，便产生了紫砂茶壶杰作。如果没有陈曼生为杨彭年设计、题铭和造势，杨彭年可能和其他工匠一样湮没在坊间里井。在他们结合之前，宜兴紫砂壶充其量不过是工匠手中出来的工艺品而已。陈曼生和杨彭年的结合使宜兴紫砂壶成为追求清新自然、朴实无华、得之天趣的士大夫及文人阶层所喜欢的紫砂壶艺术品。于是在紫砂历史上便出现了"曼生壶"或"曼生铭、彭年制砂壶"等词。镌刻名士和制壶名工"固属两美"，名壶以名士铭款而闻名，写在壶上的诗文书画依壶而流传，壶随字贵。自此，文人壶风大盛，"名士名工，相得益彰"的韵味，将紫砂创作导入另一境界，形象地给予人们视觉上美的享受。

据记载，陈曼生"所居室庐狭隘。四方贤隽莫不踵门纳交，酒宴琴歌，座上恒满"，"自奉节啬而宾客酬酢备极丰赡"。曼生公余之暇"与同人觞咏流连，无间寒暑"，一年四季，曼生都以结交朋友为快事。这些贤隽艺术家中，钱叔美（杜）、改七芗（琦）、汪小迂（鸿）合作过"桑连理馆主客图"。陈曼生居住的桑连理馆是他批复公文，处理案牍，修编县志的地方，也是他设计紫砂壶图样、研制砂壶的地方。郭（频迦）为此著文纪之，传为一时佳话。

在陈曼生的艺术家朋友中，改七芗（琦）也是当时著名的壶艺爱好者。改琦（1774～1829年），字伯蕴，号香白，又号七芗，别号玉壶外史，祖先为西域人氏，后入籍松江。改琦天资聪敏，诗画如天授，著有《玉壶山人集》，是著名的人物画家，用笔秀逸出尘。汪小迂，即汪鸿，字延年，号小迂，安徽休宁人，为陈曼生幕僚。汪鸿花鸟、山水皆工。与钱杜、改琦、郭频迦等人为伍，都是桑连理馆旧友，其所学得力于陈曼生。同时汪小迂又娴熟刻工，凡金钢瓷石竹木无一不能奏刀。不仅如此，汪鸿还能度曲弹琴，是一位难得的多才多艺的才子。著名藏家龚钊（1870～1949年）藏有一把曼生壶，其盖内有一段文字，提到了汪鸿为曼生公所刻，还说明紫砂壶不宜刻山水。所以曼生壶中不多见山水，或与汪鸿的见解有关。

郭 （1767～1831年），字祥伯，号频伽，又号白眉生，人称郭白眉，晚号蘧庵居十，吴江诸生，资秉过人，曾游姚鼐（1731～1815年）门。应京试入都，金兰畦尚书以国士待之，因此名声大噪。下第南归后，以诗鸣江湖二十多年。工词章、善篆刻，间画竹石，别有天趣。陈曼生十分器重郭频迦，在曼生壶的设计制作中，一部分铭由陈曼生所为，但不少是由郭频迦主刻的。现在藏在上博、南博等处的曼生壶上，都有"频迦"、"祥伯"的不少铭刻。上述几位都是陈曼生的好友，加上陈曼生与同时代的浙派印人群体之间的交流，形成了一个相当大的群体，如黄易、奚冈、陈豫钟、赵之琛等。他们以书画交心，以紫砂壶艺交友，相互启发，共同探讨，把文人意识通过紫砂泥手捏成型，刻上书画成为紫砂壶艺的新境界。

正因为陈曼生的提倡，亲为刻铭，并带动一批艺术家介入紫砂壶艺，使当时紫砂艺人大受鼓舞，紫砂陶业呈现一派欣欣向荣气象。据《前尘梦影录》记载：陈曼生司马，在嘉庆年间官荆溪宰，适有良工杨彭年善制砂壶瓶，捏嘴不用模子，虽随意制成亦有天然之致，一门眷属并工此技。曼生为之题其居曰"阿曼陀室"，并画十八壶式与之，其壶名皆幕中江听香、高爽泉、敦频伽所作。

❧ 曼生十八式到底有多少式

自诞生之日起，曼生壶十八式就一直引起人们的浓厚兴趣。对于蔓生壶到底有多少样式，自古就众说纷纭，并非真的只有十八式。从传世数量来看，曼生壶多于十八种。从相关文献资料可见，有

泥绘矮井栏壶（龙血砂，500CC，丁淑萍作）

人说曼生壶有四十一式，其中模仿前人样式十一种，剩三十种，在三十种壶式中，整体类同局部稍有变化者八种，剩二十二种，大致可知曼生壶式，粗分为三十种，细分为二十二种。也有人说，曼生壶是三十八个样式。还有人说，曼生壶至少有四十种样式。一般壶底有"阿曼陀室"印章，壶把下有"彭年"小印章的壶，都可认定是曼生壶。

　　成书于一九三七年的《阳羡砂壶图考》（后由香港百壶山馆出版）上卷《雅流篇》中，对陈曼生题铭的八件传器分别作了介绍，其中较明确的壶名有台笠壶、合欢壶、匏壶、井栏壶、方山壶、石兆壶等六件。此外，书中还列举了陈曼生切定茗壶并贴切壶形的二十二条铭文，除第十六条下无壶名外，其余二十一条均有壶名，其中有四件与前面的八件传器中的四件壶名相同，这样《砂壶图考》就为人们提供了二十六件不同的曼生壶壶形了。《阳羡砂壶图考》在《阳羡茗壶系》《阳羡名陶录》的基础上加以考证、补遗、增添，时间跨度"溯自明代正德初创，迄于清末宣统"。两位作者均是名家，故能

108

以独创的目光对壶人壶事尤其是传器加以评论和鉴赏瓦别。

后来谢瑞华女土所著《宜兴陶器》中，列出她整理的曼生十八式壶形，曾引起人们的注意，但是由于没有充分的资料加以佐证，谢瑞华也未加以肯定。与《阳羡砂壶图考》中的二十六件壶名来对照，有十件壶形基本上相符，将另外不符的八件加上，就成了三十四件不同式样的曼生壶了。

1963年春，中央工艺美术学院教授张守智和一位专家一起专程拜访上海文史馆的一位老者龚怀希。当时龚怀希已是垂暮之年且有病在身，据龚怀希自我介绍，他在二次大战前的一段时间里，曾在上海专门经营古董行业，对于紫砂古壶的研究及仿制有一定的经验，并提到著名紫砂艺人王寅春曾为他做过一段时间仿古紫砂壶。龚怀希拿出一册尘封的《陶冶性灵》手稿，约三十二开本大小。龚怀希说这是以前鉴别和仿制曼生壶的底册。手稿系宣纸线装，封面上《陶冶性灵》的字是郭频迦所题。打开封面，左页绘壶形，右页录壶名及铭文。最后一页记曰："杨生彭年作茗壶廿种，小迂为之图，频迦曼生为之着铭为右，癸酉四月廿日记。"癸酉是嘉庆十八年，即公元1812年，正是曼生活跃在宜兴之时。将《陶冶性灵》中的二十个壶形与谢瑞华的十八式壶形相对照，仅有五件相同。与《阳羡砂壶图考》中曼生的传器及二十二条铭文相对照，壶铭与壶名基本相同的共十六式。

如果将这三份资料中各不相同的壶形集在一起，就有三十八个曼生壶造型了。这到底是怎么回事呢？专家认为，当年陈曼生确实手绘了一批紫砂壶样，请杨彭年等人制作，但数字就不一定是十八式，可能不足，也可能超过十八这个量词，世人之所以用十八式这个数字，仅仅是习惯而已，也许是人到十八岁就表示进入成年，也许是中国受佛教影响较大的原因，人们就常常用十八来象征完善、成熟或极至。莲花是佛教中常见的花卉，菩萨均端坐在莲花形坐上，莲花是十八瓣。佛祖释迦牟尼两旁有十八罗汉。佛教教义劝人从善，否则作恶多端要打入十八层地狱，其余常见的例子为武侠小说中形容某人武艺高强，常说十八般武艺样样精通，绘画上有十八描、音乐上有胡茄十八拍、十八律等等，可以说不胜枚举。世人说曼生壶十八式，也是这个意思。"十八"在中国寓多数之意，实际所见的曼生壶并非仅十八种式样，只不过这十八式都是经典款式，如曼生十八式之中，石瓢壶等至今仍闻名于世。

曼生十八式的题识

曼生十八式或曼生壶成为经典，通常人们认为只是造型的经典，其实造型的经典只是一个方面。为什么有诸多民间艺人也创作了大量创新的造型，没有成为经典，单单陈曼生的就成为了经典呢？这与他的壶上诸多富有文学之美的铭文是分不开的，这些铭文不仅升华了曼生壶的文学性，还提升了曼生壶的文化品位，因此"文以载道"，得以流传。人们津津乐道的"曼生十八式"，其中较为明确的记载有"台笠壶"、"合欢壶"、"匏壶"、"井栏壶"、"方山壶"、"石铫壶"等。细细研赏，可以发现，曼生壶的铭文大多简约生动，文切意远，隽永而耐人寻味，极富文学价值，故而向来为人所称道。

曼生十八式的题识内容很广，遣词造句活泼，表现形式也多种多样。根据资料整理，曼生十八式的题识如下：

方壶："内清明，外直方，吾与尔偕臧。"将内圆外方的哲学升华了，是人生行为处事的一条准则。

舡棱壶（史永棠作）

乳鼎壶（史永棠作）

　　井栏壶："井养不穷，是以知汲古之功。"这是渴求知识和修养的告白，也是激励读书人的格言。

　　斗笠壶："笠荫　，茶去渴，是二是一，我佛无说。"笠能够遮阳，防止太阳的暴晒，茶能够去烦涤暑，这究竟是一回事，还是两回事呢，菩萨没有说法，让人吟咏至再，品味无穷。

　　却月壶："月满则亏，置之座右，以为我规。"体现了中国传统文化中的人生哲理，具有座右铭意味。

　　延年半瓦壶："合之则全，偕壶公以延年。"表达了中国传统文化的合和之道，寓意合之则全，分之则垮，也是融合环境、和谐相处、保持好心态可长寿的经验之谈。

111

曼生十八式的题识还有如下：

饮虹：光熊熊，气若虹；朝阊阖，乘清风。

圆珠（亦称为"一粒珠"）：如瓜镇心，以涤烦襟。

百衲：勿轻短褐，其中有物，倾之活活。

合欢：蠲忿去渴，眉寿无割。

石铫：铫之制，抟之工；自我作，非周禾童

汲直：苦而旨，直其体，公孙丞相甘如醴。

横月：此云之腴，餐之不月瞿，列仙之儒。

春胜：宜春日，强饮吉。

古春：春何供，供茶事；谁云者，两丫鬟。

瓜形：饮之吉，瓠瓜无匹。

葫芦：作葫芦画，悦亲戚之情话。

天鸡：天鸡鸣，宝露盈。

合斗：北斗高，南斗下；银河泻，阑干挂。

乳鼎：乳泉霏雪，沁我吟颊。

镜瓦：鉴取水，瓦承泽，泉源源，润无极。

棋奁：帘深月迥，敲棋斗茗，器无差等。

除以上十八式外，传世品中还有如下：

钿盒：钿合丁宁，改注茶经。

覆斗：一勺水，八斗才；引活活，词源来。

年铎：蟹眼鸣和，以牛铎清。

井形：天茶星，守东进；占之吉，得茗饮。

飞鸿延年：鸿渐于磐，是为桑苎翁之器，垂名不刊。

提梁：提壶相呼，松风竹炉。

　　壶铭，是曼生壶的精神所系。正如有学者说，曼生壶铭，均是经过精心构思，蕴涵了幽幽雅趣，文切意远，格调之高不是一般铭文所能比拟。从曼生壶铭的内容上看，都从茶事本身出发，引出风雅、哲悟、养身、怡性的话题，并没有后世有些铭文完全脱离茶事本身直接以抽象作命题的隔离。《阳羡砂壶图考》云："明清两代名手制壶，每每择刻前人诗句而漫无鉴别。或切茶而不切壶，或茶与壶俱不切……至于切定茗壶并贴切壶形做铭者实始于曼生。世之欣赏有由来矣"。曼生壶最大的特色是它通常具备有切茶、壶水、切壶、切壶形四个特点。如"青山个个伸头看，看我庵中吃苦茶"是切茶；"方山子、玉川子、君子之交淡如此"、"止流水以怡心"是切水；"试阳羡茶，煮合江水，坡仙之徒，皆大欢喜"是切茶又切水，"提壶相呼，松风竹炉"是切壶；"笠荫喝，茶去渴，饮之甘泉"，是切壶形又切茶。

　　曼生壶的壶铭，不唯切茶切壶，亦含有深邃的哲理，给人启迪，陶冶性灵，读来优美隽永，意境万千。曼生壶以生活为本位，寓意深刻而不离当下，往往能带给文人一丝会心的微笑，余韵无穷。正如有文人总结的，曼生壶铭日用而脱俗，清淡而尊贵，低调而高洁，直率而思辨，立足于生活本位，肯定于现世价值，以情趣为表象，以出世为标榜，以调和为基调，这些构成了曼生壶铭丰富的内涵和外延。曼生壶使紫砂壶的艺术价值和实用价值得到升华。尽管学术界对曼生十八式有不同观点，但一致公认，将紫砂壶艺术化、文学化，是陈曼生对紫砂发展史最大的贡献。

第五章

弱水三千 仅饮一瓢

——紫砂经典石瓢壶之美

- 苏轼石铫
- 曼生石瓢
- 子冶石瓢
- 景舟石瓢
- 汉棠石瓢
- 壶中百变首推石瓢

石瓢壶，是紫砂壶中最常见、也是看起来最简单的一种壶，或许正因为简单，它才不简单，其不简单之处在于它表现了中国传统文化博大精深的魅力。石瓢壶取意"弱水三千仅饮一瓢"，这正是它的不简单之处：一是体现了中国传统文化的智慧；二是体现了中国传统文化中的"不贪"；三是体现了中国传统文化中的"一滴水可见太阳"；四是体现了中国传统文化中的"无为"，无为无不为，无为三千，有为一瓢；五是体现了中国传统文化中的执著和专注，到处挖井，挖很多井，不如只挖一口井，专注于挖一口深井，将一件事精益求精做到极致，以一当十，此一瓢远胜过三千。

石瓢壶是紫砂的传统经典造型，溯源历史，从苏轼石铫，到曼生石瓢，根据有关资料和实物佐证，历代名家制作较多，但风格各异，其主要品种有高石瓢壶、矮石瓢壶、子冶石瓢壶。现在比较流行的款，有景舟石瓢和汉棠石瓢等。

☁ 苏轼石铫

石瓢壶的源头是"东坡提梁壶"和苏轼石铫壶，因此谈石瓢壶要从提梁壶说起。

南京博物院藏玉麟款提梁壶，泥铺砂，壶表满布金黄色斑点，俗称桂花砂。黄玉麟（1843～1914年）是清末民初宜兴制壶名手，江苏宜兴蜀山人，原籍丹阳。自幼从邵湘甫学艺，善制掇球、供春、鱼化龙诸式，选泥考究，制作精巧，作品莹洁圆润。曾创紫砂假山石景，奇峰巍峨，层峦叠嶂，使人观后清心悦目。曾为吴大 、顾茶村家制壶，大 镌章赠制。玉麟家贫，但非义不取。其壶每持售两金，须极贫乏时再制，否则百金不动心。晚年贫病交迫而亡。《梦窗小牍》："玉麟……善制宜兴茶具，选土配色，并得古法，赏鉴家珍之，谓在

仿东坡石铫式壶（任伯年刻款花卉纹，清光绪），南京博物院藏。
在碧山壶馆藏《阳羡砂壶图考》中，这种壶的式样被称为"东坡石铫式"。

提梁壶（桂花砂，玉麟款，清同治光绪）

杨彭年、宝年昆仲之上。"。顾景舟这样评论黄玉麟："是自大亨后唯一杰出人物。技艺上是多面手，方、圆器形都擅长，每器纹样、细部、结构、衔接、刻画，均清晰干净。"

"石瓢"最早称为"石铫"，"铫"在《辞海》中释为"吊子，一种有柄，有流的小烹器"。铫是一种形象比较高的器皿，口大有盖，旁边有柄，用沙土或金属制成，煎药或烧水用。"铫"从金属器皿变为陶器，最早见于北宋大学士苏轼《试院煎茶》诗："且学公家作茗饮，砖炉石铫行相随。"可见，石铫在北宋时苏东坡时代还不是沏泡茶的，石铫是用来煮水的。在苏东坡时代，还不可能有我们今天的紫砂壶，但原本作水壶或药壶之用的"铫"，已被苏轼移作饮茶之用。苏东坡把金属"铫"改为石"铫"，这与当时的茶道有着密切的关系。苏东坡贬官到宜兴蜀山教书，发现当地的紫色砂罐煮茶比铜、铁器皿味

提梁壶（亦称梅花提梁，原矿底槽清，陈友林作），获2014年上海民族民俗民间文化博览会金奖。

石瓢壶（原矿底槽清，陈友林作，周伯其刻），获2014年中国潍坊第七届文化艺术展示交易金奖。

道好，于是他就地取材，模仿金属吊子设计了一把既有"流"（壶嘴）又有"梁"（壶提）的砂陶之"铫"用来煮茶，这"铫"也即后人所称的"东坡提梁"壶，这可谓最早的紫砂"石铫"壶。

与苏东坡同朝为官的周禾童（宋泰州人，字仁熟）曾送给东坡一把"石铫壶"，苏东坡还写了一首《谢周仁熟惠石铫诗》："铜腥铁涩石宜泉，爱此苍然深且宽，蟹眼翻波汤已作，龙头拒火柄犹寒。姜新盐少茶初熟，水渍云蒸煎未干，自古函牛多折足，要知无脚是轻安。"周禾童送苏东坡的这把"石铫壶"，后来被尤荫有幸藏到。尤荫，清乾隆年间文人，居白沙之半湾，自号"半山诗老"，著有

《出塞》、《黄山》等集。他还是一位画家，擅绘山水花鸟，尤长兰竹，传世作品有乾隆十三年作《石铫图》。史书记载："荫家藏周禾童赠苏东坡石铫壶，容水生许。铜提有 书'元祐'二字，因名所居曰'石铫山房'……因广写'石铫壶'，并画有苏诗与其上以赠人，驰名远近。"后此壶被送进内府，但尤荫仍怀念不止，叫人用紫砂仿制石铫壶，壶腹镌东坡诗句二句，款署"水 "。尤荫收藏的"苏轼石铫"其实是铜壶，与泡茶用的茶壶还有区别。尤荫爱其壶而藏之，因嫌铜腥铁涩味，或送至内府，因怀念之，而请紫砂陶人仿制苏东坡"石铫壶"，所以应认为尤荫当为创制紫砂"石瓢壶"的先驱。

因尤荫作有多幅《石铫图》赠人，所以该图流传甚广，影响了许多人。受尤荫石铫图的启发，清末著名紫砂艺人王东石也曾仿制"石铫壶"，题"石铫"二字，并说尤荫画东坡石铫图，"仿其意作茗器"。酷爱壶艺的陈曼生大概也看到过该图，并受到启发，遂制"石铫壶"，并题铭云："铫之制，抟之工；自我作，非周禾童。"这是说，这里的石铫壶，并不是周禾童的石铫壶，而是紫砂抟制的，且由我曼生亲自设计的，已有了继承和创新。

从留传于世的石铫壶看，至陈曼生、杨彭年时期，石铫壶已有了很大的变化，更趋向文人化、艺术化。"曼生石铫"主要特色是上小下大，重心下垂，使用稳当，壶嘴为矮而有力的直筒形，出水畅顺，壶身呈"金字塔"式，观赏端庄。清末旗人震钧《茶说》中，谈到"器之要者"当属铫。作为吊在炭火之上的烹煮用具，"铫以薄为贵，所以速其沸也，石铫必不能薄；今人用铜铫，腥涩难耐，盖铫以洁为主，所以全其味也，铜铫必不能洁；瓷铫又不禁火；而砂铫尚焉。"所以紫砂铫取石铫形意而成壶，但已不具烹煮之功，仅作沏泡专用。

石瓢壶身，源自春米的石碓，口小腹大；但不同于石碓掘地半埋，石瓢壶以三足立身；旧时为避尘秽，农家借用锅盖遮挡，故此锅盖拎手演进为石瓢独有之过梁。经典的石瓢壶都是文人雅士、紫砂大师有感而发，将诗书画印集于壶身，"不肥而坚，是以永年"、"爱竹总如教弟子，数番剪削又扶持"等，充满了人生的况味。所以，石瓢壶被誉为是最具文人气息的紫砂壶，其造型有多种，各具特色。

曼生石瓢

说到曼生石瓢，有很多故事。传说陈曼生在做官之余，经常微服简从，漫游于市井中，偶而或淘选古物，加以收藏。一日，陈曼生忽然见到一个乞丐，行乞于街角，前置一石器。曼生观看其器许久，未曾得见，于是近前捧起细细地看。只见这件器形状独特，似瓜非瓜，虽显陈旧，却难掩其典雅古朴的面貌。观看它的底端，竟有"元人邵氏定制铫器"字样，曼生不禁大喜过望，立马取出纹银二两购买下来。曼生得了这件东西，如获至宝，匆匆回到家里清洗干净，再细一看果然乃一元代石铫也。曼生乃紫砂玩家，依这个造型制壶的心情油然而生。于是，陈曼生以石器为原形绘壶，再加上壶盖、壶嘴以配之，经过数易其稿，终成壶式，起名为"石铫"。壶身上铭文："不肥而坚　是以永年　曼公作瓢壶铭"。这句铭文蕴涵着深邃禅意。曼公得前朝石铫，仿其型，而得紫砂石瓢。此石铫历数百年，辗转于乞儿市井，传至有清一代，不仅因为它石质坚硬，还因为它器型收敛，口沿、肚腹不易磕破，所以铭曰："不肥而坚，是以永年。" 此铭文说的壶，其实也是说的人。俗话说"有钱难买老来瘦"，肥胖显得富态，但大腹便便，常为俗人。瘦而矍铄是健康的标志，瘦，不是羸弱，瘦得要有骨力，有精神，才能长寿永年。壶品也是人品。满招损，

曼生石瓢（陈曼生作），壶身上铭文：不肥而坚 是以永年 曼公作瓢壶铭。

谦受益；月盈则亏，水满则溢，都是一个道理。"不肥而坚 是以永年"表达了作者有自己坚信的理想信念，有一种咬定青山不放松的坚定。谦逊而笃定，这样的品格，这样的人，才能有所作为，才能永恒。曼生石瓢之美，美在壶款古韵最浓，其风格中和淡泊，素处以默，妙机其微。而壶身铭文不仅含有健康长寿祝愿之意，更启人哲思，寓意深远。正如有文人说："把此壶而饮，便觉宠辱皆忘，超然世外。此壶蕴精气神韵于一身，可视为壶之智者。"

古代文人崇尚松竹梅三君子，"不肥而坚 是以永年"体现的正是松竹梅的精神和品格。竹修长、虚心、质坚、常青，老梅骨力遒劲、凌寒独芳。松竹梅是中国传统文化的精神品格，正因为曼生的壶铭完美体现了中国传统文化的精神品格，所以才得到历代文人永久的喜爱。不管是三五知己评茶论道，抑或独自一人细斟慢品，曼生石铫都是一个很好的选择。她以稳重的个性，简单的线条，流畅的出水，受到文人的钟爱。

曼生石瓢款，为紫砂茗器中经典款式，不单是喝茶的人喜欢，翻开紫砂的历史，从清到现代，经过许多人改良，从陈曼生、杨彭年到顾景舟，许多大家都曾做过，因此石瓢壶本身又形成了多种造

121

型风格，细分有子冶石瓢、景舟石瓢、红华石瓢、汉棠石瓢等。这些石瓢虽然都是紫砂壶中的经典款式，但大多是后人对曼生石瓢的改良。所谓万流归宗，这些石瓢壶大多源自曼生石瓢。

☙ 子冶石瓢

子冶石瓢，亦称瞿子冶石瓢壶，或称宜兴窑子冶铭刻竹纹紫砂石瓢壶。通高 7.5 厘米　口径 5.5 厘米。壶身刻竹一丛，题"茶香一屋，左右修竹"，署"子冶"，盖镌"补笙茶具"。底钤篆书阳文"月壶"方印，把下篆书阳文"安吉"小印。

子冶石瓢是瞿应绍（号子冶）的传世佳作，在历史上被定义为将"三角"的概念融入紫砂壶最成功的范例。瞿应绍，字子冶，初号月壶，改号瞿甫，又号老冶、陛春、营砂壶，自号壶公。清嘉庆

子冶石瓢（清道光，瞿子冶作），南京博物院藏。

子冶石瓢（朱泥，
子冶款），龙之堂
黄素量藏。

子冶石瓢（清道
光，瞿子冶作），上
海博物馆藏。

年间官至浙江玉环同知，善书画，爱紫砂，雇佣陶工多人制作各式紫砂壶，自己在壶上画竹题诗，有人邓奎（符生）篆刻，所制壶署子冶款。他是继陈曼生、朱坚后又一与壶艺密切结合的文人。

子冶石瓢器型特点为筒三角、把三角、钮三角，流与身筒夹角的型还是三角，把的三角从身筒过渡到流，形成三个三角的相互穿插，在顶上加入一个三角钮，身筒又非常稳重地撑起了两边角度对等的小三角。子冶石瓢壶身上小下大，陡直而下，充满力度，盖沿上部既要与身筒形成线条结合，又要压住身筒，唯一能做的就是在盖沿上端做大倒角来缓和斜上被断的线。同时为了让盖子压住壶身，看似平的盖子还必须稍微拱起一点点，从桥拱底部到壶盖边沿有 0.5 ~ 1cm 的落差，壶盖沿是直角收边充满力度，满足视觉效果上的饱满。壶嘴与壶身之间基本呈 90°暗接，上小下大呈微喇形。嘴口平切，切线与壶身呈平行。壶嘴、壶口、壶把高点基本趋于水平。壶把与壶身之间所形成的圈呈"三角形"，貌似"鸡心"。壶把上段微微上翘，使其与壶身形成夹角在 100°～110°。子冶石瓢的壶身，一面刻竹一枝，刀法有力。另一面横刻诗一首："画竹多而作书少，人道余书无竹好。偶然作此当竹看，又道竹不如书老。子冶自记。"

"曼生石铫"与"子冶石铫"相比，虽同为彭年所制，但一个古朴含蓄，饱满而丰润，一个刚烈古拙，这是因人的个性而在壶上的艺术上表现。后来喜欢子冶石瓢的人越来越多，应是以壶言志的人更多。另一方面，或许是因为子冶石瓢的造型特点是稳、挺、有骨力，从而比曼生石瓢更完美地表现出了"不肥而坚，是以永年"的主题。尽管曼生石瓢和子冶石瓢有风格上的不同，但大同小异，总体上的艺术特色都是一样的，石瓢壶其身碓形、底置三足、其盖桥钮，此三要素构成了石瓢遗传的基因。曼生石瓢和子冶石瓢的壶身都呈梯形，曲线柔和流畅，造型浑厚朴拙。

石瓢造型的要点在于力道，要达此目的，则要协调好石瓢各个线条所构成的三角形的比例关系，身筒、流、把，甚至钮，都要相互配合，形成最佳比例，才能最终突出其独特的力度与气韵。曼生石瓢和子冶石瓢的足皆为钉足，呈三角鼎立状支撑，给人以轻灵而稳重之感。壶身八字造型，造成一个主视角度内的呈型表面，亦曲亦直，皆显现简朴大方的气度。两种壶型都是直流，简洁见力度，多为暗接处理，融于壶身整体。把呈倒三角势，与壶身之型互补，形成和谐的美学效果。平压盖，桥钮，干净利索，比例恰当，充分体现出秀巧精工为上的特点。曼生石瓢和子冶石瓢款，均初见于紫砂壶艺术大师杨彭年制，杨彭年当年与陈曼生、瞿应绍合作，诗书画印于一壶，格调高雅，时称三绝壶。一提梁款为沪上八壶精舍唐云所藏，一款存上海博物馆。

🍂 景舟石瓢

　　紫砂"石铫"称"石瓢"，是从顾景舟开始。顾景舟改名石瓢的灵感和依据，可能还是源自陈曼生。陈曼生在其参与的石铫壶铭文："煮白石，泛绿云，一瓢细酌邀桐君"，此中"一瓢"，引来顾景舟的"石瓢"之名。此外，朱石梅在壶上的铭文，也使用了"一瓢"："梅花一瓢，东阁招邀"。而顾景舟为之更名的直接依据，可能还是引用古文"弱水三千，仅饮一瓢"，"石铫"应称"石瓢"，从此相沿改称石瓢壶。作为紫砂壶型的代表，石瓢壶几百年来一直长盛不衰，正是应了顾景舟大师的那句话："智欲其圆、行欲其方、刚柔相济、允克用臧"。

　　顾景舟，是开风气之先的大师，他也加入到了石瓢壶的创作。景舟石瓢，造型简练、古朴大方、端庄稳重、刚劲有力、敦实调和。他验证了现代设计理论，其整体设计为典型的单元复合体。所谓单元复合体，即整体是由同一元素的不同变体组合而成的造型，此类造型高度统一，和谐美观，整体感极强。这构成了景舟石瓢壶的设计精髓。

　　景舟石瓢的整体都是由不同三角形的变体组合而成的，壶体线型是一个等腰三角形，穿过盖板与壶钮连成一个整体；壶把是一个三角形，壶嘴直翘与口面平行延伸线组成的虚空间又是一个三角形；壶底三足平面构成同样也是一个三角形。暗的虚的三角形交替连接，构成了和谐统一的景舟石瓢整体。

　　20世纪40年代末，顾景舟经常往来宜兴、上海之间，经铁画轩主人戴相明介绍，认识了江寒汀、唐云、吴湖帆、王仁辅、来楚生等沪上著名书画家和篆刻家，这些大师级的书画家，给顾景舟的创作思想与艺术格调带来了不同的视野和养分。1948年，顾景舟精心

125

景舟石瓢

制作五把石瓢壶，除自留一把，余四把慷慨馈赠戴相明、江寒汀、唐云、吴湖帆。这五把石瓢壶，成就了一段海上文人画家与一代紫砂宗师顾景舟之间的一段传奇故事。顾景舟制作、吴湖帆与江寒汀书画的合作壶是当代石瓢壶的扛鼎之作，也创出当时紫砂壶拍卖天价成交的神话。

五大石瓢壶之相明壶，赠与了戴相明。相明壶正面画面为风动疏竹，落款"湖帆"，反面诗句："为君倾一杯，狂歌竹枝曲"。该壶在中国嘉德 2010 春拍以 1232 万元成交。

五大石瓢壶之寒汀壶，赠与了

顾景舟（1915～1996年），本名景洲，后改名为景舟，名号有曼晞、瘦萍、武陵逸人、荆南山樵及壶叟等，宜兴川埠人。少年即从其祖母邵氏学艺，方二十便身列紫砂名手之林。作品造型古朴典雅，形器雄健严谨，线条流畅和谐，大雅而深意无穷，散发浓郁的东方艺术特色。

126

戴相明（1924～2002年），又名莲生，继承家业为铁画轩第二代传人。

唐云（1910～1993年），字侠尘，别号药城、药尘、药翁、老药、大石、大石翁，擅花鸟、山水，偶作人物，笔墨融北派的厚重与南派的超逸于一炉，清丽洒脱，生动有效。唐云以收藏曼生壶著称，晚年有"八壶精舍"之斋号。

江寒汀。寒汀壶正面为韵竹，落款"寒汀"，反面镌刻"寒生绿樽上，影入翠屏中"。2013年北京保利春拍以1495万元成交。

五大石瓢壶之唐云壶，赠与唐云。唐云壶正面为韵竹，落款："湖帆"，反面镌刻白居易诗句"无客尽日静，有风终夜凉。"2008年上海工美秋季艺术品专场拍卖会成交价318万元。

五大石瓢壶之湖帆壶，赠与吴湖帆。湖帆壶正面为孤雀雪梅，反面镌刻"细嚼梅花雪乳香"。

五大石瓢壶之景舟壶，所属者为顾景舟自己。景舟壶正面为风动疏竹，落款"湖帆"，反面镌刻"但为清风动，乃知子猷心。"

五把石瓢壶，造型相同，不同的镌刻给了它们不同的神韵。四把壶上各画型态相异之竹枝，第五把壶，则由江寒汀画寒雀一只相赠吴湖帆。画成，仍由戴相明交货船带送顾家，由顾景舟亲自镌刻。陶艺一绝，书画一绝，篆刻一绝，珠联璧合，完美至极。

石瓢壶虽是仿古之作，但顾景舟不因袭传统，以今人的审美视角，对石瓢壶进行了创新。他将毕生的修为了然于胸，机杼独运，削去了子冶的一些刚烈之气，注入了"厚德载物"的元素。景舟石瓢，强化浑圆之身，蓬勃沉雄。压低拱形桥钮，待势而发。"有神斯秀，有气乃润"，做到了神完气足，因此极具现代美感。

汉棠石瓢

汉棠石瓢，也称为矮石瓢，是中国工艺美术大师徐汉棠创作的一款石瓢壶，做工简约，端庄大方，风格既古朴又飘逸，为石瓢中的经典器型。徐门紫砂后人代代相传，现已成为徐门紫砂代表作。汉棠石瓢，是徐汉棠在师承景舟石瓢的基础上加以发挥和变化的一个款式。徐汉棠曾经说过：石瓢造型的要点在于力道，要达此目的，则要协调好石瓢各个线条所构成的三角形的比例关系，身筒、流、把甚至钮都要相互配合，形成最佳比例，才能最终突出其独特的力度与气韵。汉棠石瓢继承了顾景舟大师石瓢壶刚

江寒汀（1904～1963年），又名庚元、石溪、上渔、寒艇。十六岁从陶松溪习花鸟画，廿八岁开始卖画为生。擅长双钩填彩、没骨写生，尤精禽鸟画。

吴湖帆（1894～1968年），名倩，本名万，后名翼燕，号倩庵，又号东庄，现代绘画大师，书画鉴定家，斋名梅景书屋。

汉棠石瓢（紫泥，徐汉棠作），茗壶奇石工作室主人熊艳军藏。

汉棠石瓢（朱泥，徐汉棠作）及其底款"汉棠制陶"，茗壶奇石工作室主人熊艳军藏。

劲、挺直的等腰三角形骨架，更加强调每个点上都有力度，犹如弯曲的钢丝或弯弓之状。在此基础上又加了几分浑厚，添了几分丰满，使之有骨有肉，温润可爱。因此，壶体虽无书画装饰，但格调高雅，整个壶内外氤氲着一种刚健挺拔的风骨，散发出一种正直文人所特有的不同流俗、遗世独立的处事立场。充分体现了"智欲其刚，行欲其方，刚柔兼施，允克用藏"紫砂壶的精髓。

在连接处理上，汉棠石瓢分别采取了三种典型的不同手法：嘴把是暗连接，盖钮是半明半暗，壶足则是明连接。线型上则采用直线与弧线的连接方法。壶身口沿下延基本为直线，再往下则与壶体弧线相连。壶嘴也是一样，直嘴前段接近直线，后段则是一段反弧线相连。这样的处理使得壶嘴更有力度感。前段虽为直线，由于错觉效果看上去会有一点外扩，正好与传统石瓢壶嘴外翻成喇叭形之意吻合，只是幅度有所减小。正如评论家所言，汉棠石瓢蕴精、气、神、韵于一身，气势不凡，尽现大家风度，可称之为大家，可视为壶之智者。

壶中百变首推石瓢

壶中百变，首推石瓢。即使是同一个紫砂壶艺术家制作的石瓢壶，也会有不同风格特征。如紫砂壶艺术大师杨彭年（清中期），他创作的石瓢有高、中、矮之分，有圈把、提梁之别。杨彭年与陈鸿寿合作弧曲面的"曼生石瓢"，朴茂祥和；与瞿应绍合作直坡面的"子冶石瓢"，刚劲明快；与朱坚合作虚盖的"石梅石瓢"，浑厚高古。从不同风格的石瓢壶，可以看出各位大家对紫砂艺术和人生的不同理解，如徐汉棠的矮石瓢、葛陶中的满石瓢、陈国良的长嘴石瓢、高湘君的星带石瓢等，这些不同造型风格的石瓢，其实演绎的是艺术家各自不同的独特个性。

六方石瓢壶（青段，陈友林作），获中国（深圳）国际文博会中国工艺美术文化创意奖金奖。

石瓢壶（紫泥，陈国良作），茗壶奇石工作室主人熊艳军藏。

当代紫砂壶艺术家高振宇的高钮石瓢、椭圆石瓢，都充分休现了智欲其刚，行欲其方，刚柔兼施，允克用藏的精髓，蕴精气神韵于一壶，也算是石瓢一奇葩，受到很多当代玩家的喜爱。

当代高级工艺美术师丁淑萍，大胆探索，推陈出新，创作的筋纹石瓢端庄优雅，别开生面，筋纹石瓢壶是极少申请国家专利的紫砂壶代表作之一，其专利号是 ZL2012 3 0327027.3。

丁淑萍的泥绘石瓢，将刻画改变为泥绘，为传统石瓢增添了清新气息。

当代紫砂壶艺术大师王寅春石瓢壶，是王寅春紫砂壶佳作，可与汉棠石瓢媲美。

石瓢壶久盛不衰来自其壶型的优势，正如一位文化人编写的顺口溜：

> 下大上小梯形身，利于聚热和发茶；
> 压盖阔口桥形钮，方便提拎清茶渣；
> 三足鼎立壶身扁，安稳摆置好端拿；
> 壶面宽广宜书画，喝茶品壶才为雅。

筋纹石瓢（底槽清，320cc，丁淑萍作），获中国手工艺精品博览会"华茂杯"铜奖。

泥绘石瓢壶（龙血砂，400cc，丁淑萍作），获深圳（中国）国际文化产业博览会铜奖。

祝贺壶（泥绘石瓢壶。底槽清，620cc，丁淑萍作）

寅春石瓢（桂花砂，王寅春作），南京博物院藏。

132

[第六章]

方非一式 圆不一相

——紫砂壶的造型形体之美

● 万象之本方与圆
● 圆器：珠圆玉润骨肉亭匀
● 方器：轮廓分明方中求变
● 花塑器：堆雕简洁主次分明
● 筋纹器：瓜棱花瓣生动流畅
● 紫砂壶器型的鉴赏

我们看到的紫砂壶造型，大多是方形和圆形。方与圆成为壶的主要外形，源于中国传统文化天方地圆的观念。华夏早就有天圆地方之说，故曰方象征大地。在中华民族的文化天平上，方与圆可说是万象之本，天圆而地方，智圆而行方。紫砂壶的造型以圆形最为常见，多种多样的圆形紫砂壶，正所谓"圆不一相"。方形紫砂壶相对圆形器品种少一些，主要有四方形、六方形、八方形和随意方形等，"方非一式"，说的是紫砂壶之方形有诸多变化。

紫砂壶的造型不仅要追求形象生动，还要追求古拙为佳。同时，作为中国茶文化不可或缺的重要组成部分，紫砂壶所追求的意境，应与茶道所追求的涤净烦器、淡泊明志、超世脱俗的意境相融洽，所以，无论圆形紫砂壶，还是方形紫砂壶，都以具有古拙之美的韵味为最高追求，因为具有古拙之美造型的紫砂壶，更能被中国传统文化所接纳。

🍵 万象之本方与圆

　　古往今来，紫砂壶的世界主要是方与圆的世界，中国传统文化的精髓也是方与圆，紫砂壶造型源于中国传统文化，传统文化又赋予了紫砂壶富有生命力的造型。世界是由方与圆组成的，有形的器物，方与圆是主流，无形的东西，诸如精神、心灵、文化、哲学、智慧、气质、风格、人格等，也都可以用方与圆来概括和形容。"没有规矩不成方圆"，说的是万事万物都有自己的规律。孟子说："规矩，方圆之至也。"我们要遵循规律，而不能破坏规律，更不能逆势而行；做人要有准则，但也不能墨守成规，要方中有圆，圆中有方，外圆内方，为人之道也。教育家黄炎培写给儿子的箴言："和若春风，肃若秋霜。取象于钱，外圆内方。"意思是做人应该像古代的铜钱一样，外圆——在做人做事的时候，要采取合适的方式，灵活处理问题，不要过于死板；内方——内心深处要坚守自己的原则，小事可以糊涂，大事面前不糊涂。圆是处世要圆融，方是做人要有正气。圆融的人，令人如沐春风，方正的人，令人肃然起敬。然而，仅仅令人如沐春风是不够的，或陷入好好先生或圆滑世故；仅仅令人肃然起敬也不够，或陷入水至清则无鱼，让人敬而远之。只有将方与圆集于一身，外圆内方，才是最高的修为。

　　紫砂壶的方与圆，散发的是中国传统哲学的光辉。人们喜欢紫砂壶，是喜欢紫砂壶昭示的做人之道。正如学者李昶烨所说："在方圆之道中，方是原则，是目标，是做人之本；圆是策略，是手段，是处世之道……处于现代社会的我们，当然不可以过于方正，亦不可以过于圆滑，只有把方与圆的智慧结合起来，做到该方就方，该圆就圆，凡事力求恰到好处，左右逢源，便可达到儒家所提倡的中庸的境界。也就是现在人们所常说的，原则性和灵活性的高度统一，

天地福壶（底槽清，陈友林作），获第三届中华（天津）民博会手工艺技术金奖。

高潘壶（底款"李氏壶"，李昌鸿款），龙之堂黄素量藏。

六方高壶（暗红老泥，薄胎，收缩纹，"逸公"款，旧），龙之堂黄素量藏。

这就是为人处世的最高境界。"万象之本方与圆，是紫砂壶的哲学，也是紫砂壶造型的指导思想。紫砂壶艺人和爱紫砂壶的人都懂得：生活中需要明晰方圆之道、方圆交融、方圆并用、方圆互变的人生智慧，并知道何为做人之方，何为处世之圆，何时运圆以守方，何时持方以融圆。和宜兴紫砂壶艺术家交流，不经意间，常听他们谈得最多的是"做人"或"做人如做壶"，这其间包含他们对紫砂壶造型艺术的深刻感悟。

紫砂壶造型艺术之美，形制之多，文化气息之丰富，是其它陶瓷品类无法相比的。关于紫砂壶的造型类别，有多种分类法，其中最为大家认同的是分为几何形体、自然形体、筋文形体三大类。而圆器和方器这二种造型属于几何形体。这两种造型都是以几何形的线条装饰壶体的，甚至有的器形本身就是一种几何图形。

☁ 圆器：珠圆玉润骨肉亭匀

所谓圆器，是指壶身以各种圆形为基础并加以变化的紫砂壶。圆形有多种多样，犹如美女的脸蛋，有苹果圆的标准圆、鸭蛋圆的椭圆、柿子圆的扁圆……紫砂壶的圆，也有各种不同的名称："梨壶"的立卵式器形、"龙蛋"的横卵式器形、"一粒珠"的正圆器形、"虚扁"的合盘形、"洋桶"的圆柱形等，正所谓"圆不一相"，令人目不暇接。

在众多紫砂壶中，圆器紫砂壶往往受到品茶人，乃至收藏家和鉴赏家的特别偏爱。这与圆器作品便于把玩有关。圆器紫砂壶泡茶后，便于放手上把玩。喝完茶，也可以将茶壶放在手中把玩把玩。养壶的关键就是把玩，经过把玩的紫砂壶的光泽以及水色会更加出色。同时，圆壶无硬性转折，水在壶里可顺畅流转，水与茶叶能温润结合，有利发茶。卷球状的高山乌龙茶，在圆壶的空间里可完全舒展。因为用圆形紫砂壶泡乌龙茶，紫砂壶内注水后，水流会顺着圆形紫砂壶的壶壁顺流而走，能更好地使茶叶和水紧密结合，有利于发茶。

圆器的造型规则要求是圆、稳、匀、正。它的艺术要求必须是珠圆玉润，口、盖、的、嘴、把、肩、腰的配置比例要协调和谐，

秋韵壶（一对，黑紫泥，400cc、280cc，王国祥作）

提壁壶（紫泥，赵江华作），茗壶奇石工作室主人熊艳军藏。

匀称流畅，达到无懈可击，致使器型上的标准要求为柔中寓刚，圆中有变，厚而不重，稳而不笨，有骨有肉，骨肉亭匀。

圆器造型主要由各种不同方向和曲度的曲线组成。紫砂圆器，讲究珠圆玉润、骨肉亭匀、比例协调、敦庞周正、转折圆润、隽永耐看，掇球壶、仿鼓壶、井栏壶、汉扁壶是紫砂圆器造型的曲型作品。素身圆器是紫砂类型中常见的造型，它一般不经过任何装饰点缀，除了采用一些线型装饰外，全靠简洁的形态来表达作品自身的生命力，最能表现艺人的基本功力、文学修养、审美观点以及艺术家的胸怀。

"掇球"、"仿古"、"石瓢"等，都是传统紫砂光货作品的代表作。这类作品非常讲究器型侧面的线条和形体组合以及身筒和嘴、把、盖、的等附近件的和谐统一，讲究壶体各部位的优美比例，精湛的制作技巧和优良的实用功能。井栏壶周身皆由弧线构成，线条圆融有力，简洁明快。壶身虽圆似方，沉稳而不凝滞。斜斜向上的管状流和重心略为下沉的环形把，前后呼应。壶的造型简单却无以增减，再三观之韵味无穷。

　　紫砂圆器的优秀之处都有很好的实用功能。过去紫砂壶艺人讲究嘴的出水流畅，钮的大小是否符合手的拿用方便，把与的子的合适度，手感是否舒适省力等。圆器创作除了形体丰满，还要求壶身与整体比例相协调，盖与壶身必须和谐，盖与壶相合则为一整体；壶盖与的子的大小形体的吻合，壶把与的子所形成的空间比例要恰当。壶嘴的长短，力度的大小，质感量感的变化对比，实体与空间的对比都要和谐。

掇球壶（民初，程寿珍作），南京博物院藏。

提璧壶（"顾景舟"底款，"景舟"盖内款），南京博物院藏。

139

历代制壶名家都有传世的圆器精品，如时大彬《扁壶》，扁版的身筒、流畅的嘴巴，让人无懈可击。纤巧的形体似少女般的神秘，小嘴、小把显得那么灵巧。民初程寿珍制作的《掇球壶》，气势雄传，几何球形的搭配恰如其分，丰满遒劲，别致而又充满活力，洋溢着大将的风度。嘴把柔中有刚，显出无限的力量。

当代顾景舟的《提璧壶》则是紫砂圆器的杰出代表。其壶盖面似一古雅玉璧而得名。壶体扁圆柱形，平盖，扁圆钮，扁提梁，微曲线造型，结构严谨，刚中带柔，和谐匀称，虚实节奏协调，是当代紫砂茗壶之一，也是顾氏毕生的经典之作，曾经多次制作，修改壶器造型，有"壶不惊人誓不休"之感慨。顾景舟创作的这把提璧壶气度雄伟，色泽紫中泛红，深沉朴茂，置放各种环境中品茗观赏，都能显其神采，表现出简朴大方的气度，其壶艺的功力、形体的优美、艺术的价值让世人赞叹不已。1956 年，中央工艺美术学院教授、著名微浮雕定型设计者高庄从北京到宜兴，与顾景舟交友，他们精心合作设计了提璧壶。为传达器型的最高境界，顾氏自制十余种制作工具，使其壶坯轮廓造型端庄周正，结构严谨，比例和谐匀称，线面简洁明快，节奏变化大度，一丝不苟。

紫砂壶艺术大师裴石民的串顶秦钟壶，则是另一个圆器经典。"智欲其圆、行欲其方，刚柔并济"。此壶以秦钟之形为基础，稍加改动，壶体腰以弦纹装饰，壶形简洁、高雅超逸，以超凡入圣的构思，将严峻肃穆的秦代钟形，化为清秀不俗的紫砂茗壶，将二者凝重浑厚的共同点，按功能的需求加以装饰，成就了一件紫砂茗壶精品。此串顶秦钟壶色泽呈铁栗色，沉重、清静，极富高雅之气。壶身似钟，压截盖与壶身浑然一体，圆柱桥形钮，呈活动串环，与壶身浑圆协调，长圆把手，直嘴用暗接处理，嘴流口部亦浑圆，整体倾注敦厚浑朴的艺趣韵味，味有余甘，令人回味无穷。本书中的裴石民秦钟壶是他的串顶秦钟壶的上半部造型，简朴古雅、端庄大方，通过该壶亦

秦钟壶（裴石民作），壶身形似略扁的秦钟，南京博物院藏。

仿古如意（朱泥，200CC，吴菊凤作）

可感受到其串顶秦钟壶的圆满美妙。

当代紫砂壶艺术家吴菊凤作的仿古如意壶，壶身是圆形的，壶把是圆形的，壶把上的凹线是圆形的，壶盖是圆形的，线条是圆弧形的，壶身上的如意也呈圆形造型，线条流畅，婉转流长，在柔和中又有张力，壶钮为如意形桥梁式，平缓舒展合体，在朱泥泥色的衬托下呈悠然典雅之美。如此优美雅致的器型形体，将古代文人精神韵味融于其中，整把壶总体相呼应，呈现一股行云流水般的柔和感，和谐统一，精致脱俗。

优秀的紫砂壶圆器往往是"多一分有余，少一分不足"，而想要达到这个境界，紫砂艺人需借鉴前人的成功经验，多思考，多实践，反复权衡，方能创作出精彩的紫砂圆器作品。圆器不仅指壶身为各种圆形的紫砂壶，还包括紫砂壶圆器的多种变化，如再加上腰线、云纹、长短足、诸多款式的钮把装饰，使紫砂壶体态各异、风韵无限，实非一句"方非一式，圆不一相"所能尽达其妙。

圆器和方器都属于仿真素器（光器），是与仿真花器相对应的两种紫砂壶造型。仿真素器以简单的几何造型为器型，没有任何多余的装饰物。欣赏素器首先要看壶身、壶盖是否丰满，方器是否不内夹，圆形是否不瘦瘪，再看壶嘴和壶把的组合，外切空间线条是否流畅。在紫砂行业内有这样一句师徒相传的谚语："壶把随着壶身走，壶咀顺着把末出。"形象地说出了鉴赏圆器和方器紫砂壶是否优异的奥秘。

方器：轮廓分明方中求变

方器造型主要由长短不同的直线组成，如四方、六方、八方及各种比例的长方形等。方器造型规则要求为：线条流畅，轮廓分明，平稳庄重，以直线、横线为主，曲线、细线为辅，器型的中轴线、平衡线要正确、匀挺、富于变化。历来有很多出色的方器造型，其代表作有四方壶、八方壶、传炉壶、觚棱壶、方钟壶、僧帽壶等造型。所谓"方非一式"，是指方器的变化，如亚光四方这种壶形四方四正，四面无任何修饰，看的是壶体的张力；直嘴、直把、方扭的配合；镶嵌式平盖的严密，高手制此壶给人以沉稳、庄重之感。而四方傅炉虽亦属四面体方器，但其四面由直变曲形成了不出肩线的壶形，而壶盖也采用了高盖圆扭的形式，整把壶给人以方中见圆、刚中有柔的感觉。

吉方壶（底槽清，450cc，王国祥作）

青玉四方（降坡泥。陈友林作），获第十六届中国工艺美术大师精品博览会金奖。

方韵（绿泥，施小马作），茗壶奇石工作室主人熊艳军藏。

亚明四方壶（原矿底槽清，陈友林作），获第十五届中国工艺美术大师精品博览会金奖。

方器造型追求方中藏圆，线面挺括平正，轮廓线条分明，给予人们干净利落，明快挺秀之感。方壶与圆壶相比，显得刚劲、挺拔、端庄大度、规整有力，就像是一个充溢阳刚之气的男子汉，而圆壶往往与美人有关。方器除口、盖、的、把、嘴应与壶体相对称外，还要求做到方中寓圆，方中求变，口盖划一，刚柔相称。使壶体不论四方、六方、长方、扁方为壶型，其壶盖方向均可任意变换，并与壶口严密吻合。方器既为几何形体，也属筋纹形体。以方钟为型，底宽而稳，向肩线收缩，弧度洗练优雅，壶身造形端庄特别，挺秀大方，盖钮与壶身造型相同，上下相应，一虚一实凭添韵味，三弯嘴与把背弧度前后呼应，大方自然，亦使方钟壶更为生动。

紫砂壶方器中，以四方形器为最多，常见的四方形器有方斗壶、升方壶、高方壶、扁方壶。此种类型，虽为方器，亦有变化，但每条边线均为直线，面为平面，这是方壶的最基本造型。四方形器中，四边为曲线或阴或阳之变化，形体对称，构成了四方壶的另一种变化。所谓"方非一式"，就是指方器的变化，如亚光四方这种壶形四方四正，四面无任何修饰，看的是壶体的张力；直嘴、直把、方扭的配合；镶嵌式平盖的严密，高手制此壶给人以沉稳、庄重之感。而四方傅炉虽亦属四面体方器，但其四面由直变曲形成了不出肩线的壶形，而壶盖也采用了高盖圆扭的形式，整把壶给人以方中见圆、刚中有柔的感觉。

方器紫砂壶因为形状的特殊，制作工艺也非常特殊。紫砂方器成型的制作方法主要有二种。一种是传统的手工镶接法，一种是模具成型。全手工镶接就是用泥片镶接，模具成型主要是壶身的挡坯及附件的印制。通常说来，挡坯成型和套用模具做出来的紫砂壶，显得力度不足，让人很容易就看出是没有生命力的，对于收藏家和鉴赏家来说，看到就会感觉不舒坦，这类模具制作的壶只适合饮茶实用和收藏爱好者入门的选择。高档的收藏级的工艺壶，应该采用

传统的手工镶接法，因为手工镶接成的制品，气度饱满、挺拔有力。

由于方壶制作难度大，成品率低。紫砂壶历史上，方壶传世的总量远远不及其它壶量多。加上人们在实用性上以为方壶泡茶不方便，而收藏又嫌弃多棱角，以致制作技术停滞不前。方器紫砂壶制作难度大，主要难在如下方面：

一、口盖难做。

选壶都要挑选口盖平整，调转紧密的茶壶。方壶盖头大致分为嵌盖、压盖，又有平盖、虚盖等差别。根据艺人经验，八方、四方壶盖比六方，长方壶盖难做，而嵌盖要比压盖容易一点。与圆壶相比，方壶口盖的变形要大得多。压缩时嘴把的拉力共性，在制作时方壶与圆壶也有明显的不同，圆壶以圆心为中心，应用工具时无头尾之分，用力对比能够达到均匀。可是制作方壶在应用工具时，必定有开端收尾，然后再换一面的次序，用力就较难维持，或用力不匀，或造成变形。方壶的壶盖、盖片、虚片、子口（唇）相互之间，软硬搭配必须要控制好。而这个软硬关系，并非一成不变，又没有明确的标准，全凭手感及经验。嵌盖与压盖在焙烧时都容易变形，因此，制作和焙烧出一把完美的紫砂壶方器是很难的。

二、镶接或堆砌的痕迹难避免。

镶接及堆砌，稀泥是黏合剂。镶接成角的痕迹，锐角的器皿不容易看出。钝角、大圆角的就容易出现，这是因为泥片在合拢时有的空隙相对较大，而这个空隙部位只能用稀泥补充。泥片与稀泥的颗粒紧密度不一样，经过焙烧后，总会有一点痕迹。为了减少堆砌的痕迹，尽可能采纳泥片内嵌的法子。但是并非所有造型都可内嵌，所以痕迹总是难免的，泥料越细，痕迹越明显。方器艺人要做的，就是尽量减少镶接或堆砌的痕迹。

三、平口面下陷难恢复。

紫砂壶方器采纳平口面嵌盖较为常见。制作方壶要用好工具，在拍打底部时，口部要用瓢只垫好，口部与转盘一样平。平口面一旦凹陷下去以后，就不会鼓起来，很难恢复正常。

四、角线的处理难。

方壶的角的处理是表现茶壶气度的首要因素。方器中常见锐角与钝角，锐角一般表现清秀利落，钝角则是淳厚稳健。有人觉得，钝角或圆角失去了方壶专有的韵味，这是一种曲解，寓圆于方则别有情趣。手工成型的圆角其实要比锐角难做，非经验老到者是做不出大的淳厚圆角。

正因为有难度，才有一批越是艰险越向前的紫砂壶艺术家勇于接受方器的挑战，他们认为，方壶有很大的拓展空间。现时，方壶生产虽存在小家仿大家、徒弟仿师傅、工场看市场的现象，但随着紫砂壶艺人技艺的整体提升，紫砂壶艺人们便会很好地抓住文化的切入点，去寻求新的突破，以全新制作理念，将传统的方壶艺术发扬光大。

花塑器：堆雕简洁主次分明

圆形和方形是紫砂壶造型的主流，但也并非穷尽所有的造型。紫砂壶的造型从大类上分，又可分为光货和花货，也有人从紫砂壶在制作型态上，将紫砂壶分为仿真花器和传统素器两大类。仿真花器是以自然界的动、植物为本而入艺，属于自然型的茶具，直接摸拟自然界的固有物或人造物，来作为造型的基本形态，行话里也称为"花货"。这类紫砂壶要求制作精细、装饰和实用要和谐而不显牵强，也不要莫明其妙的夸张。方形和圆形器是光货中的两大类，花货则是光货之外的非常见的不规则造型，表现出艺术家独出心裁的创新和创意。如果说圆形和方形多为传统造型，那花货则多为创新造型；光货注重技艺上的精湛，花货更注重艺术上的创新。

梅桩壶（大红袍，陈友林作），获第七届中国工艺美术大师精品博览会中国工艺美术金奖。

五子登科（老紫泥，250cc，史永棠作）

竹段（老紫泥，350cc，史永棠作）

　　紫砂壶花货，也称为花塑器，花塑器是对雕塑性器皿及带有浮雕、半圆雕装饰器皿造型的统称。花塑器是将生活中所见的各种自然形象和各种物象的形态透过艺术手法，设计成器皿造型，如将松竹梅等形象制成各种树桩形造型。或者是在圆器及方器选型上运用雕、镂、捏塑等手法，将自然形体变化为造型的部份，如壶的嘴、把、盖、钮，或者是在造型的显见部位施以简洁的堆雕装饰。壶体上这些堆雕，总是要求宁简勿繁，做到主次分明，以达到视觉上的和谐与平衡。这种壶艺造型规则是源于自然而高于自然，造型不仅应具有适度性的艺术夸张，又应着意于风格潇洒。例如此类壶艺以松竹梅为装饰题材时，劲松要刻划出枝干劲拔，针叶挺秀，气势铿锵；秀竹则要求娴静有致，俊逸潇洒；冬梅又须主干苍劲，寒中独俏，素枝闲花，以简为主，达到疏中见密，少里寓多，富有活力气息的艺术效果。紫砂花塑器不仅应形象生动，构图简洁，而且应巧妙地利用紫砂泥料的天然色泽来增强其艺术效果。

筋纹器：瓜棱花瓣生动流畅

　　紫砂壶的造型中还有一种筋纹型，也是紫砂艺人在长期生产实践中创造出来的一种壶式。筋纹器造型的特点是将形体的俯视面作若干等份，把生动流畅的筋纹组织于精确严密的结构之中。这是从生活中所见的瓜棱、花瓣、云水纹等创作出来的造型样式，因此筋纹器选型不仅在造型侧视面上寻求变化，其俯视面上

方菱壶（底槽清，
400CC，王国祥作）

合菱壶（朱可心作），
南京博物院藏。

的形象更吸引人。筋纹器造型纹理清晰流畅,口盖准缝严密,是艺术与技术的高度统合。

筋纹器形体是从砂器早期的六方形壶的基础发展而来的。筋纹器壶艺造型规则是上下对应，身盖齐同，体形和谐，比例精确，纹理清晰，深浅自如，明暗分明，配置合理。这类壶艺要求口、盖、嘴、的、把都必须作成筋纹形，使与壶身的纹理相配合。筋纹器工艺手法的严谨程度，达到了无比严密的程度，壶艺和壶体与壶盖的结合要求有如精密之机械，每一等份、每一壶口半圆线、弧线等都要计算得十分精确。近代常见的筋纹器造型有合菱壶、半菊壶等。

✿ 紫砂壶器型的鉴赏

紫砂壶的造型形制几乎包罗了自然界与世间各类可创性的形体，这也是紫砂器形制特别丰富的重要原因。紫砂壶的传统造型大多有来源，一是源于传统，即传统器物造型或传统图案；二是源于自然，主要是大自然中的动植物；三是源于生活，包括生活中常用的器物；四是源于想象，如很多几何造型，都是想象的产物。

源于传统器物造型的，主要是夏、商、周、春秋战国、秦时期的古器物造型，主要是青铜器造型，如鼎、尊、彝、爵等。此外，还有一些仿古代陶器造型，如彩陶、 、觚、杯、瓿，以及秦汉晋的砖、瓦纹样。还有仿古代器物造型，如秦权、玉器、钟、鼓等。

源于自然的紫砂壶，主要是仿瓜果、花木形象，大多进行了加工变形塑造，用浮雕、半圆雕的手法装饰应用，如松、竹、梅、莲、荷、葡萄、桃、柿等。

源于生活的紫砂壶造型，主要是模仿生活中一些实用器物，进行借形改造，如笠、柱楚、筐、升、斗等。

源于想象的紫砂壶造型，主要是几何图案形，如菱花、葵式、多角多面各形等。

紫砂器的各种形体是在方器、圆器基础上发展而来的。作为光货的方器和圆器，其设计制作是最能鉴别功力的，要求每个过程都要做到有骨有肉，骨肉都要有自己的特质、性格和规范，要求要有简单的线形，比较丰富的内容，在统一中求变化，在变化中求统一。所以紫砂器造型"方非一式，圆不一相"，这就是数百年来无数艺人创作经验的累积。有的紫砂壶兼有两种甚至三种形体造型，这种造型方法就是在圆形、方形壶上再装饰其他形体，如掇球壶是自然形体与几何形体的结合，四方竹段壶既是筋纹形体又是几何形体与自

然形体的造型，六方掇球壶是自然形体与几何形体和筋纹形体的统合。紫砂壶历史上留下来数百种经典造型，其中著名的除了本章上述造型，还有掇球、茄段、石桃、仿古、井栏、僧帽、孤菱、梅椿等。在造型上，每个制壶名家都有自己的特色，古今艺人们都把自己的审美情趣融进了他们的作品之中，即使是同样的款式，也有众多造型，一人一个样，各不相同，如石桃壶就有一百多种式样。

紫砂壶造型的艺术表现更是多种多样，大体上可分为素色、筋瓤和浮雕三种类型。艺术家们在追求风格古朴的同时，还追求造型生动，包括壶上的仿物装饰，如动植物一类的仿物，哪怕是小小的一片绿叶、树枝，都会表现得淋漓尽致，维妙维肖，栩栩如生，让人仿佛置身于鲜活的物景之中。紫砂壶器型形体的造型技法与国画之工笔技法，有着同工异曲之妙，也是十分严谨的，如点、线、面是构成紫砂壶形体的基本元素，在紫砂壶成型过程中，必须清清楚楚，犹如工笔绘画一样，起笔落笔、转弯曲折、抑扬顿挫都必须交待清楚。面须光则光，须毛则毛；线须直则直，须曲则曲；点须方则方，须圆则圆，都不能有半点念糊。

紫砂壶造型的形体美，体现在完美的形象结构，精湛的制作技巧和优良的实用功能。形象结构重点指壶的嘴、扳、盖、纽、脚，应与壶身整体比例相协调，壶体讲究气度，讲究合理的壶嘴、壶把、壶钮的功能搭配协调。无论是传统还是现代，紫砂壶都非常讲究其点、线、面的美感，讲究壶体整体的设计完美、新颖。

[第七章]

紫泥新品泛春华

——紫砂壶的用泥之美

- 「皇家土」的传说
- 青龙山和黄龙山
- 「富贵土」的成因之谜
- 无法复制的资源优势
- 铁＋砂：紫砂泥之魂
- 紫砂泥的炼制
- 紫砂泥的天然色彩
- 紫玉金砂：紫砂泥的特点

"人间珠玉安足取，岂如阳羡溪头一丸土。"足见紫砂泥材之珍贵。纯正的紫砂材质是紫砂壶造型设计的前提，优秀的紫砂壶艺术家都是巧用泥材的高手，他们充分利用材质的特点和颜色，表达紫砂的材质美、造型艺术美、日用功能美。紫砂壶的用泥材质自古就受到文人墨客的赞赏和歌咏。在《梅尧臣宛陵集》第十五卷《依韵和杜相公谢蔡君谟寄茶》中写到："小石冷泉留早味，紫泥新品泛春华。"

　　美景出自天然，美物出自天工。紫砂泥出自宜兴，宜兴因紫砂泥而添彩。宜兴紫砂泥陶土品种繁多，分布于宜兴南部丘陵山区的丁山、张渚、渚东，主要产于宜兴丁蜀镇黄龙山，任墅西香山附近和伏东一带。大自然的千万年乃至数亿年的造化，才造就了人间珍宝，大凡出产名品的地方，都是拥有得天独厚自然资源的地方，比如和田玉、河南南阳玉、寿山田黄石、青田鸡血石、巴林冻石、肇庆端砚石、歙县歙砚石、红河彩陶石、安徽灵璧石、宜昌绿松石……钟灵毓秀，物宝天华，这些大自然馈赠的奇珍异宝使当地名闻天下。

　　正像所有名物产地都有无数传说一样，关于紫砂泥的发现，也有一个美丽的传说——

☁ "皇家土"的传说

传说很久以前，美丽的太湖之滨有一个丁山（即丁蜀）小镇，镇里的村民早出晚归，耕田做农活，闲暇时便用陶土制作日常用品。一天，一个僧人突然出现在小镇上，在街头巷尾，他边走边大声叫卖："富有的皇家土，富有的皇家土，卖富贵土了！谁买富贵土？买了就可以发家致富。"村民们好奇地涌上街头，明明是一个普通的小镇，普通的泥土，哪来的皇家土？他们不解地看着这个奇怪的僧人。僧人也看到了村民眼中的疑惑，便又说："不是皇家，就不能富有吗？"人们更加疑惑了，愣愣地看着他走来走去，大呼小叫"皇家土"。村民聚集越来越多，僧人提高了嗓门，快步走了起来，就好像周围没有人一样。几个有见识的长者觉得僧人奇怪，就跟着他一起走，走着走着，来到了黄龙山和青龙山。突然间，僧人消失了。长者们四处寻找，看到好几处新开口的洞穴，洞穴中有各种颜色的陶土。这些陶土有紫色的，有红色的，还有黄色的……五彩斑斓，人见人爱，用这些来制作茶壶、碗碟不是很好吗？！长者们搬运了一些彩色的陶土回家，敲打铸烧，烧出了和以前不同颜色的陶器——这真是神奇土。一传十，十传百，就这样，宜兴黄龙山的紫砂泥逐渐闻名遐迩，人们用它制作茶壶、杯碗、盘碟、陶罐、摆件、挂件工艺品等，形成了紫砂陶艺。

砥柱壶（底槽清，500cc，王国祥作）

方钟壶（拼紫泥，400cc，王国祥作）

牛盖莲子（段泥，400cc，王国祥作）

☁ 青龙山和黄龙山

　　宜兴是一个美丽的地方，河湖港汊交织成网，茂林修竹洞天世界，这里不仅是江南富饶的"鱼米之乡"，还是紫砂泥"富贵土"的产地。紫砂矿的形成需要一定的自然条件，不是任何地方都可以形成紫砂泥的。为什么优质紫砂泥仅产于宜兴，而不是其他地方呢？宜兴丁蜀镇的地理环境有两大山水。水为太湖，丁蜀镇地处太湖之滨；山为雁荡山，丁蜀镇处于雁荡山脉北线余脉。这一地理环境的形成富有传奇色彩。据考证，2000万年前，一颗带着大量铁元素的小行星撞击地球，形成一个巨大的湖泊群，这个巨大的湖泊群就是太湖，

汉方壶（原矿底槽清，陈友林作），第六届中国民间工艺品博览会上荣获金奖。

荷花莲子（原矿民国绿，陈友林作），2014年无锡市博物馆永久收藏。

人类在这里不断地围岸筑堤。现今的太湖大堤之外，在上古以前，这里分布着众多的边缘卫星湖泊群，经过 2000 万年的沧海桑田，湖泊群逐渐淤塞成水网藻泽地带，并把小行星带来的铁逐渐稀释，随淤泥均匀沉淀在湖泊之中。2000 万年前，由于地球板块的碰撞，开始了造山运动，在我国的东部内陆形成了今天的雁荡山脉。约在 100 万年前，丁蜀镇北郊的青龙山在地层深处逐渐崛起，并顺势托起西山、黄龙山、蜀山。

关于青龙山和黄龙山的来历，在宜兴当地还有一个神奇的传说——很久很久以前，玉皇的两个儿子，一个叫青龙，一个便叫黄龙，有一次下凡来到江南，看到这里的老庶民糊口在一片汪洋之中，披桑修麻，住在大树之上，吃的食品都是半生不熟的，很多人经常生病，便起了恻隐之心。他们向玉皇求情，要求赏给当地庶民一块能够安生立命的地方。谁知玉帝非但不同意，还把他俩打入天牢，不准再到人间。青龙与弟弟万般无奈，他们决定偷偷再到人间。他们施计将看管的牢头灌醉，乘着雷电驾着风雨又来到了丁蜀地区。牢头发现兄弟俩已逃跑，立刻禀报玉皇。玉皇派兵追赶，眼看就要追到时，青龙拉着黄龙的手大喝一声："跟我来！"倏地一下卧倒在地，只见他俩的身躯紧紧扎入水中，顿时耸起了两座山峰，隔断了浩水泽国。从此丁蜀地区的庶民脱离了一片汪洋的苦恼。他们见黄龙变成的山石一块块整洁成方，便用来盖房造屋，青龙山的石头可以烧造石灰，便用来涂墙抹壁，既牢固又美观，从此有了安定的居所。后来，当地的庶民发现黄龙山肚里有一种紫砂泥，既软和又刚柔，是上好的陶土，可以用来制造器皿。就这样，凭着青龙黄龙的恩赐，丁蜀地区的庶民在这块土地上生息衍繁，创造出辉煌灿烂的紫砂壶文化。

🌸 "富贵土"的成因之谜

"富贵土"是如何形成的？普通紫砂壶爱好者来说是个谜，专家学者也是众说纷纭。有的专家觉得，宜兴紫砂矿料的形成条件与过程难以用科学表述，只能用形象来说了，于是说了一句富有诗意且玄而又玄的话："沉泥结果果成砂，紫砂开花花成土。"

从科学角度看，地球形成之后，地表的物质不断此升彼降，地表上的物质不断风化，活土沉到地表下，与空气隔绝，不断岩化。紫砂的岩化历程有的说需六千年，也有报告说三万年，最老的紫砂生命历程有报告说距今十八万年，也有报告说三十万年，现在所有的紫砂在三十万年后都将岩化成为陶土或岩石。"富贵土"紫砂泥的成因，属内陆湖泊及滨湖泥沼相沉积矿床，通过外力沉积成矿，最终深埋于山腹之中。自古生代志留纪末至今，宜兴和长兴地区的陶土矿床经历了四次海退和三次海浸，大约在 2 ~ 4 亿年前，陶土在泥盆纪和早石炭纪中期形成的，其中甲泥、紫砂泥属沉积矿床，嫩泥、红泥属沉积风化形矿床，紫泥和绿泥都产于甲泥矿中。甲泥是一种脊性粘土，紫红色，色似铁甲，故名"甲泥"。甲泥矿中，甲泥储量最多，紫泥、绿泥储量较少，紫泥是甲泥中的一个夹层，绿泥是紫泥夹层中的夹脂，故有"泥中泥，岩中岩"之称。

有学者说，丁山地下并不都是甲泥岩层。从远古到今天的三十二层中，甲泥（含紫砂泥）只大致天生于第四、五层（属于泥盆纪、石炭纪、少数天生于二叠纪），这时属于古生代中后期，距今已经有 3 亿 5 千万年左右。紫砂泥是沉积岩构造中甲泥的浮（或底）层，总量只占甲泥的 3% ~ 4%，而甲泥又是很多地下岩层中的一层。只不过丁山地区由于地壳的变化，中新生代岩层留存不完整，甲泥层笼盖得比较浅，易于开采而已。也有学者说，当青龙山和黄龙山沉入

蜂巢壶（文革紫泥，480cc，丁淑萍作）

大洋桶壶（老红泥，800cc，丁淑萍作，书画：石禅）

地下的沉泥与空气隔绝，在地质压力下逐渐脱水并不断岩化，这就形成了原始矿源．由于在地下不同层位的初始矿源，因脱水时间的早晚不同，岩化程度也就不同，所以在黄龙山上可以看到从粘土到岩石的不同质地的岩化物。通常在地表层近点的矿源，一方面水份下沉，另一方面地表蒸发，矿源的顶层和底层就最早开始岩化，在中心部位最晚岩化，所以矿脉都在岩石之中。除了矿脉，也可能会形成矿床、矿穴、夹层等散矿的紫砂矿。在地表深处，在不同的层与层之间，会有水道或地下河，在通常情况下，矿料层之间的水份，向下渗透，向上蒸发，当完全脱水时并在地质压力下矿料进入岩化过程。在矿层的外表特别是地表面和地下面最先脱水，中心处是最晚脱水。当表面开始岩化时，就生成了一条矿脉或一片矿层。这条矿脉开始由外到里逐步岩化，岩化的过程是：粘土→高龄土→紫砂（朱泥－红泥－普泥－硬砂泥）→陶土（甲泥）→岩石→花岗石。当矿脉中心岩化成朱泥或红泥时，中心最后的水份就凝结成外壳坚硬的蛋状鹅黄，鹅黄中心实际上是最后开始岩化的泥。当矿脉中心岩化成硬砂矿料时，鹅黄也岩化成石红，石红是紫砂泥调色的最佳天然原料。

专家还发现有一个奇特的现象，即在紫砂矿的四周总会出现优质的石灰矿。用青龙山的石灰石烧出来的青龙牌水泥，被评为江苏省优质产品，出口免检，长兴县的雉城、小清、泗安、洪桥等地也分布有紫砂矿，那里同样也有大量的石灰石。另外，贵州的贵阳、辽宁的喀左、河南的宝丰等地也探明有紫砂矿，在它们的附近也同样有石灰石矿。宜兴的紫砂矿经由数亿年的沧桑，成为上好的紫砂原料，由于它夹杂在岩石之中，故又称"岩中岩"、"泥中泥"。为什么宜兴地区会蕴藏有世界上最具特点、最适合制作茶具的紫砂矿土？专家目前的解释往往各执一词，相信地质学家和相关专家有一天终会揭开这个谜。

无法复制的资源优势

紫砂泥被称作泥中泥、岩中岩，含铁量高，是紫泥、红泥（朱泥）、绿泥（米黄色）的总称。宜兴地区的紫砂泥之所以被称为"富贵土"，自有其"富贵"的道理。这里的紫砂泥矿深藏于岩层中间，块状质纯，经焙烧而不瓷化，故具有透气而不渗水的特点，这一特点是世界上任何一个地方的泥土资源都不可替代的。据说在西方，如美国、意

大利、英国、日本等陶瓷工业高度发达国家，仰慕宜兴紫砂泥的这一独特资源的优势，纷纷模仿烧制宜兴紫砂的产品，但他们生产的"红色陶器"，其胎质的物理性能、化学构成及成型方式，达不到宜兴紫砂的质量标准。日本也曾花费大量的财力、物力，利用日本砂泥试图研究仿制宜兴紫砂泥，但在工艺性能，坯体强度、可塑性、烧结性能、发色效果、成品内部分子结构排列等方面，均达不到宜兴紫砂泥的水平。

思亭壶(花器)

筋纹壶

水平壶

茗壶奇石工作室主人熊艳军藏品

161

宜兴紫砂矿料是经过地质岩化，才形成固态砂性的。地质岩化是个连续的过程，从粘土到花岗岩甚至成玉石都是岩化的结果。并非所有岩化矿料都是紫砂，紫砂是晶体相，只有当岩化到具有晶体结构时的那段历程，才是紫砂矿料。宜兴紫砂矿料的岩化进程时间是六千年到三十万年。紫砂矿料虽然象石头，但很容易风化瓦解，她的硬度远没有到玉石的硬度，甚至不如普通的石头硬，它呈现的是土性。古代诗文称赞紫砂壶品质如玉，是形象地赞赏它的价值，是称赏紫砂壶的，而不是指紫砂泥。紫砂矿料在本质上只不过是土和泥。

宜兴地区紫砂泥矿规模很小，品质上堪称中国乃至世界独一无二的宝藏。紫砂泥资源在中国不仅仅限于宜兴，还有浙江长兴也出产，只是在质量上不可与宜兴紫砂泥相提并论。长兴的紫砂矿资源蕴藏量丰富，自古誉称长兴为南窑，丁山为北陶。长兴和宜兴，山水相连，矿脉相通。据地质矿产资料反映，长兴紫砂矿主要分布在雉城、小浦、槐坎、泗安、洪桥等丘陵地带，储量达5000万吨，小浦朱砂岭名即以产朱砂泥而得。小浦箬卡村裸露的紫砂泥随处可见，由于量大品优，近年来也有不少宜兴制壶艺人到长兴采购紫砂泥矿料。但长兴紫砂矿不如宜兴品质高，故紫砂壶通常名为宜兴紫砂壶。我国虽然红色陶土丰富，但因所产陶土矿物组成、化学组成，加上制壶技艺上的差距，都无法与宜兴紫砂泥相提并论。即使在宜兴，上好的紫砂泥也只能在丁蜀地区范围内的陶土矿中找到，因此把宜兴紫砂泥称作得天独厚的宝贵资源绝不言过其实。

♋ 铁 + 砂：紫砂泥之魂

如果说艺是紫砂壶的魄，那么铁则是紫砂泥的魂。紫砂泥的好坏，不是由泥的粗细决定的，而是由含铁量决定的。这就犹如翡翠的等级不是由硬度决定，而是由含翠量决定的一样。许多陶瓷专著分析紫砂原材料时，均说其含有氧化铁的成分，其实含有氧化铁的泥全国各地都有，但别处就产生不了紫砂，只能有紫泥，这说明关键不在于氧化铁，而在于紫砂的"砂"字。紫砂矿料里要均匀分布一定量的铁元素，矿土之所以能岩化成紫砂，正是因为含有一定量的铁，铁元素在紫砂矿料里最早因氧化而成为微颗粒，也就是晶体的核心，如果含铁量过低，那矿料里晶体核的分布就很稀，必然造成矿料岩化后的结晶率也很低，粉砂质多，结晶体少，矿料的品质就低，这类矿料被视作劣质陶土，没人用。

每一层矿土，可能含铁量有所不同，但分布非常均匀。黄龙山紫砂矿土的含铁量从小于 5%，到大于 30% 的都有，含铁量越低，品质越低。但也并非含铁量越高越好，如果含铁量过高，晶核就过于密集，烧制时会出现浑身的铁黑、铁熔、铁疵。含铁量越高，瑕疵率越高。所以含铁量并不是越多越好，一般情况下可用矿料的含铁量在 8% ~ 35% 之间，最优质紫砂矿料的含铁量则是在 18 ~ 26% 之间。矿料在地下不同的岩化程度，有不同的品质。不同含铁量、不同岩化程度的矿料，在烧成温度、烧成颜色上都有变化。以前低于 8% 的含铁量矿料，只当劣质陶土基本不用，高于 27% 的黑星泥，在新世纪技术成熟的条件下，才被应用到紫砂壶的制作上。

根据含铁量、岩化和晶相砂性情况，可对紫砂矿料做出一个定义：紫砂矿料，是指含有适量铁质、经地质岩化、具有晶相砂性的陶土。

根据紫砂矿料不同的形成原因，形成两类不同特性的矿料：一

潘壶

思亭壶

均为朱泥，旧，茗壶奇石
工作室主人熊艳军藏壶。

是紫泥类，二是段泥类，还有一类就是市场习惯分的红泥类。

根据不同的含铁量和岩化、晶相砂性情况，可对这三类矿料作出定义：

紫泥类矿料——含有适量铁质、经地质岩化、具有晶相砂性、呈层页结构的陶土。

段泥类矿料——含有适量铁质、经地质岩化、具有晶相砂性、呈混合结构的陶土。

红泥类矿料——又称嫩泥类，含有适量铁质、经地质岩化、具有细微晶体颗粒的初具岩性的陶土。

紫砂矿料的品质只与含铁量、铁的分布均匀程度、岩化均匀

164

程度有关，与深浅没有必然关系。相反，如果矿料埋的越深，地质压力就越大，矿料内部的气道就压制得越小，而硬度就越高，品质与成本风险就倒挂了。紫砂泥不仅仅含有铁，还含有众多的金属元素，其化学成分除了氧化铁，还有氧化硅、氧化铝、氧化钙、氧化镁、氧化锰、氧化钾、氧化钠等，但它主要属于一种含铁质粘土质粉砂岩，由水云母和高岭土、石英、云母屑、铁质等矿物成分构成。尽管含有铁和诸多化学元素，但经过千百年的试验，证明紫砂壶无毒无害。随着现代人生活水平的提高，讲究健康长寿，无毒无害的纯正紫砂茶具越来越受到人们喜爱。

☁ 紫砂泥的炼制

一般人总以为，紫砂泥如同可以浸润的黄泥、黄土一般，是天然形成的粉末状，只要加点水就可捏塑成型。其实不是这样的。紫砂泥是矿体，紫砂矿土俗称生泥，形似块状岩石，开采时质坚如石。这种块状岩石自矿层中开采出来后，首先需要经过露天堆放，风吹雨打数月，待其风化后，自然松散如黄豆大小，再用石磨或轮碾机碾碎，用不同规格的筛网筛选后，倒在容器中加适量的水拌匀，就地缀成湿泥块，俗称生泥。然后再用木缒压打，重复数十次，成为可以制作用的熟泥。紫砂矿岩从矿石风化到颗粒状，然后用石磨碾成带有颗粒的粉沫，加水练成熟泥，制作茗壶，这种原始的泥料加工方法，能很好地保持砂壶的透气性，使其日用功能良好，优良的材质颗粒效果使壶的音质为深、沉、沙、哑。最好的矿料，也要经

底槽清（紫砂原矿）

紫泥（紫砂原矿）

炼制后的降坡泥

炼制后的清水泥

南京博物院藏品

过科学的炼制才能成为优质的熟泥，如果不会炼泥，最好的矿料炼出来的也只是普通的紫砂泥。

20世纪50年代以前，紫砂泥料的练制还是沿用明清的老方法，把晒干捣碎的泥团围成一圈，用河水冲洗，人站在里面不停地走动踩踏，直到泥料软硬适中，练制泥料是非常辛苦的。在机械化炼泥之前，矿料经露天风化成小颗粒，再经碾碌碾碎，将碾碎的矿料冲入化泥池，脂粉泥溶于水而被流水带走，剩下的是紫砂颗粒，这叫"水漂法"，用来去除泥土。水漂法让大颗粒沉底，小颗粒上浮，当池中泥干到不粘手时就可以取泥，上层泥可以直接锤炼成熟泥。底层大多是大颗粒硬砂，须再经人工碾磨后炼制。这种方法炼出的上层泥叫清水泥，底层的叫底槽清。这是传统的方法，现已很少使用。

20世纪60年代后期，开始采用机械化，采用雷蒙粉碎机、搅拌机、真空练泥机。现在大批量生产已改用真空练泥机练泥。紫砂矿土大约要开采千吨陶土，方能得一吨左右紫砂泥，经人工精选，剔除矿

土中的老块、夹石、废土和较明显的含硫、含铁物质，然后由矿土机械粉碎呈粉末状，并视产品的大小，再选用适当的筛孔过筛（筛孔有 60 目、40 目、32 目和 24 目），加水练成块状，经人工锤炼或真空炼泥机压炼，排除泥中空气，放置数月，方可成为供制坯用的熟泥。

关于紫砂泥的炼制，有很多方法和技巧，可以说各家有各家的秘诀。为了丰富紫砂陶的外观色泽，满足工艺变化和创作设计的需要，紫砂壶艺人们往往会把几种泥料混合配比，或在泥料中加入金属氧化物着色剂，使之产生非同寻常的应用效果。尤其是名家，对泥料的配制皆各有心法，不相私授，进而形成紫砂泥有些特定泥料成为某些名家的代名词，也突显了名家的艺术风格，如作品烧成后呈现天青、栗色、石榴皮、梨皮、朱砂紫、海棠红、青灰、墨绿、黛黑、冷金黄、金葵黄……等多种颜色，吸引了紫砂藏家的目光。紫砂泥若再掺入粗砂、钢砂等，紫砂壶产品烧成后珠粒隐现，可产生特殊的质感和美感。

紫砂泥的天然色彩

范惠采用不同色彩的紫砂泥，制作了四把同一款圆珠壶，俗称"四兄弟"。同样的圆珠壶，四种不同的颜色，尽显紫砂壶的色彩之美妙。

紫砂壶的色彩，首先来自紫砂泥的天然色彩。紫砂泥的天然色丰富多彩，其中以朱、紫、米黄三色为紫砂器的本色，此三色与紫砂泥中的红泥（朱砂泥）、紫泥、团山泥（本山绿泥呈米黄色）相对应。

圆珠壶（四兄弟，红泥）

圆珠壶（四兄弟，紫泥）

圆珠壶（四兄弟，团山泥）

圆珠壶（四兄弟，绿泥）

范惠作品

这三种泥又衍生出诸多泥品，如朱泥中有赵庄朱泥、赵庄黄金朱泥、小煤窑朱泥等，紫泥中有底槽青、青水泥等，各有千秋。紫砂三色中，朱有浓淡，紫有深浅，黄则富有变化。三色之外，常见的还有绿泥和黑泥等。事实上，宜兴紫砂泥色彩远非这三种或五种，由于矿区、矿层分布不同，其天然色泽多达几十种，加上烧成时温度稍有变化则色泽变化多端，耐人寻味，非常奇妙。如果辨色命名，紫砂壶的颜色有铁青、天青、粟色、猪肝、黯肝、紫铜、海棠红、珠砂紫、水碧、沈香、葵黄、冷金黄、梨皮、香灰、青灰、墨绿、铜绿、鼎黑、棕黑、榴皮、漆黑等色。

宜兴陶都所产的各种天然陶土，不论甲泥或嫩泥，都含有氧化铁。含量多的约在 8% 以上，含量少的也在 2% 左右。因各种甲泥和嫩泥含铁量多寡不同，泥料经过适当比率调配，再用不同性质的火焰烧，

七彩南瓜（紫泥，陈友林作），
2013年被无锡市博物馆永久收藏。

可呈现颜色深浅不一的黑、褐、赤、紫、黄、绿等多种颜色，可见含铁量是紫砂壶呈现各种瑰丽色泽的重要原因。现代则在基泥里加配不同的化工着色剂，其发色效果也不同，能生成诸多泥色来，如古铜色、墨绿色等。单纯品种的泥料俗称"清水泥"。还有一种是调砂泥，包括粗砂、细砂，做出的壶表现粗犷风格的特点，摸上去有颗粒不平感，与光滑平整的细腻风格相左。

紫砂壶之所以让人们喜爱，是因为它的色彩契合了中国传统文化心理——中庸适度。紫泥应紫里泛青、泛红，红泥应红而不艳，本山绿泥应黄里发青，所以紫砂壶在色彩上有很多忌讳，正如古人说的，若其色火而艳、昏而俗、花而俏，览者一见则精神不宁，或束目，或烦心，或不爽，则非雅玩之色也。不同的紫砂泥有不同的颜色之美，鉴赏紫砂壶的颜色之美，应了解各种紫砂泥的特点。

紫玉金砂：紫砂泥的特点

泥是紫砂壶价值的根本所在，一把用纯正宜兴紫砂泥做出来的壶才具有现实的使用、投资、收藏价值。紫砂壶具有保味功能好，泡茶不失原味；陈茶不馊，暑天越宿不起腻苔；经得起温度冷热巨变的特点，都是因为紫砂泥的优异特点带来的。长期以来，紫砂茶壶特别受饮茶者和茶道专家的喜爱和青睐，其主要原因是紫砂泥具有优良机能，其优异特点表现在如下几点。

一、具有独特的双透气孔结构。

紫砂泥属高岭土，有透气性，内部结构呈晶体状有序排列，泥土中含有大量的氧化铁等化学元素，因而茶壶内质存在双重气孔结构，一是化学元素团聚体内部形成的气孔，二是团聚体周围形成的气孔群。正是由于这两大特点，使紫砂茶壶具有非常好的透气性。紫砂器经高温烧成后，成品能保持 2% 的吸水率和 2% 的气孔率。黄龙山矿属于湖泊淤泥沉积，含铁量均匀分布，铁质最先氧化成为分布均匀的微颗粒，这个微颗粒就是形成后来的结晶体的核，叫晶核，形象地说叫细胞核，细腻的沉积泥是微颗粒的优质养料，微颗粒不断成长聚合成为结晶聚合体，排列有序的结晶聚合体就是紫砂矿料。黄龙山矿料绝大多数岩化均匀，结晶充分，筛选炼制成本低，经科学炼制出来的熟泥品质高。把矿石碾磨成四十目或八十目颗粒时，这个颗粒就是一个结晶聚合体，聚合体内部是相通的，只要这聚合体不被完全包住封闭，颗粒上的每一点都能进气出气，颗粒与颗粒间就能传导，颗粒的表面封闭得越多，颗粒间的传导率就越低，封闭得越少，传导性就越好，透气性就越好，当颗粒表面被完全封闭时，这紫砂颗粒也就完全失去了储气、传气功能。在我国，只有在宜兴的丁山才能开采出这种具有双透气孔结构的紫砂泥。独特的双透气

孔结构特点带来的透气性，为紫砂泥所独有，而其他泥没有，这种结构使用紫砂壶比其他材质的茶壶泡出更香的茶，较好地保持茶叶的色、香、味，同时能较长时间地保存茶水而不变质。在中国，紫砂泥是唯一的，用唯一的泥做出的壶当然也是不可代替的。

二、具有很好的可塑性。

紫砂泥可塑性好，生坯强度高，坯的干燥、烧成收缩率小。以紫泥为例，它的液限为 33.4%，塑限 15.9%，指数为 17.5%，属高可塑性，可任意加工成大小各异的不同造型。在实用中，紫砂泥比其它陶瓷原料或粘土更具有可塑性，成型范围极宽，它和一般陶土不同，经高温烧成，不易变型，成品和坯体收缩率仅为 10%。很好的可塑性表现在制作时粘合力强，但不粘工具不粘手。壶的嘴、把均可单独制成，再粘到壶体上，可以加泥雕琢加工施艺。方型器皿的泥片拼接成型时可用脂泥（多加水分即可）粘接，再进行加工。这样大的工艺容量，就为陶艺家充分表达自己的创作意图，施展工艺技巧，提供了物质保证。紫砂泥的可塑性和结合能力好，是其有利于工艺装饰的原因。再则紫砂泥的焙烧温度范围也宽，为 1190℃ ~ 1270℃，目前烧成温度一般控制在 1200℃。这是紫砂制品不渗漏，不老化，越使用越显光润的又一原因。因此，这种粉质细砂岩的紫砂土是"宜陶宜壶"的最佳泥料，也是陶都宜兴特有的宝藏。

三、里外均不上釉。

紫砂器里外均不上釉，用作茶具，其没出物不会产生某种不良影响。因为紫砂泥土成型后不需要施釉，平整光滑富有光泽的外形，用的时间越久，把摩的时间越长，它就会发黯然之光，这也是其它质地的陶土无法比拟的。

四、色香味皆蕴。

紫砂陶是从紫砂锤炼出来的陶，既不夺茶香气，又无熟汤气，故用以泡茶，色香味皆蕴。 科学机构也对砂壶的"暑月越宿不馊"

冰纹石（紫泥）

龙行天下（段泥）

美洋洋（底槽清）

李秀君作品

一事，将紫砂壶与陶瓷做了对比测试，证明砂壶较陶瓷优胜很多，这一结论是基于紫砂原料的独特性。

五、砂质茶壶能吸收茶汁。

紫砂壶使用一段时日，能增积茶锈，所以即使空壶里注入沸水，也有茶香。

172

六、便于洗涤。

紫砂壶日久不用，难免有异味，这时可用开水泡烫两三遍，然后倒去冷水，再泡茶原味不变。

七、冬天泡茶绝无爆裂之虑。

紫砂壶冷热急变适应性强，寒冬注入沸水，不会因温度急变而胀裂，而且能经受冷热急变，砂质传热缓慢，不管提抚握拿均不烫手，冬天泡茶绝无爆裂之虑。科学验证紫砂壶确实不仅有保持茶汤原味的功能，能吸收茶汁，而且具有耐冷耐热的特性。

八、高温和低温下烧茶不会炸裂。

紫砂茶壶对温度的适应性很好，紫砂陶质耐烧，放在文火上炖烧不会炸损，冬天置于温火烧茶，壶也不易爆裂，在高温和寒冷的低温下也不会炸裂。

九、经久耐用玉色晶光。

紫砂壶经久耐用，涤拭日加，自发黯然之光，入手可鉴，于是器身玉色晶光，气味温雅，并以边喝边把玩摩挲为乐事。

十、具有色不艳质不腻的特点

紫砂泥除了结构上与其他泥的差异，纯正的紫砂泥还因其"色不艳，质不腻"的特点给人感官上的享受，同时其原矿中含有大量人体所需的微量元素，会在泡茶的同时提供人体所需。与其他泡茶工具最大的不同在于，经过一段时间的水滋养，紫砂壶能表现出"外类紫玉，内如碧云"的状态，紫砂也就有了紫玉金砂的名头，紫砂壶浑身散发的黯然之光，使品茶人对紫砂壶的感情非"陶醉"一词可以形容。

紫砂壶得名于世，最根本的原因在于紫砂泥的特殊优越性能。紫砂壶独特的泥料，独特的成型工艺，融和了造型、绘画、诗文、书法、篆刻于一体，这些特点造就紫砂壶成为一种兼具实用和鉴赏双重价值的饮茶器具。紫砂壶最讲究紫砂材质，真正好泥料做的壶，一眼看上去颜色纯正，颗粒均匀，无杂质瑕疵。好泥质表现出好的观感，用开水注入壶中，能使壶的泥色变深，这叫显色性。颜色变化越大，泥质越好，可养性就越大。只有纯正好泥质，才能养出婴儿肌肤的细腻手感，光亮如古镜的典雅古朴之视觉感受，着色圆润而深厚的古玉风范。

第八章

雪贮双砂罂 诗琢无玉瑕

——紫砂壶的做工手艺之美

紫砂壶的做工手艺（简称工艺），不仅指紫砂壶坯的做工工艺，还包括刻绘、上彩、烧制等工艺。器型相同而做工不同的紫砂壶，其价值有天壤之别。梅尧臣在《梅尧臣宛陵集》第三十五卷《答宣城张主簿遗雅山茶次其韵》中，有诗句云："雪贮双砂罂，诗琢无玉瑕。"诗中的"砂罂"为紫砂茶具。俗话说，无瑕不成玉，但紫砂壶艺术家在制作紫砂壶时，像雕琢诗句一样，追求至善至美，容不得一丝瑕疵，如此才能成就紫砂壶的做工手艺之美。

什么样的紫砂壶做工手艺是最美的？鉴赏行家的观点是：古拙为最佳，大度其次之，清秀再次之，趣味又次之。古拙的气质是紫砂壶艺人心境之表露，修养之结果，所以紫砂壶的做工手艺之美不仅仅体现在工艺技巧上，还体现在整个工艺流程上。紫砂行业对每类紫砂壶都有详细的工艺要求，涉及到紫砂壶制作的方方面面。

⚘ 紫砂壶的工艺流程

了解紫砂壶的做工手艺之美，首先要了解紫砂壶的工艺流程。紫砂壶的工艺流程其中每环节又有很多细节步骤，其工艺流程主要包括如下基本过程：

第一步，打泥条。

把泥块打成厚薄均匀的泥片，俗称打泥片等。首先需要准备原料，包括挖泥、炼泥和选料。矿中挖出的硬块状的泥料经过捣碎、过筛、澄滤，所得细土下窑储藏，叫做"养土"。

第二步，做壶身。

圆形壶类一般用打身筒的造型方法。先将泥料用木搭子捶敲成厚薄均匀的泥片，泥片的厚度一般为三四毫米左右。再根据设计的茶壶直径，加上烧成时的收缩系数，乘圆周率，并加上两端接头的富余量以及身筒的高度，把泥片切成长方形的泥条。将泥条在转盘上围成圆筒，把两端叠合，用鳑鲏刀斜着在叠合处一次切齐，即形成能对接得很好的接口，再在对接的切口用"滋泥"黏连好。然后将左手手指伸进圆形泥筒内，轻轻扶托内壁，右手握木拍子拍打泥筒外壁的上段，边拍边转，筒口部分就会渐渐内收。待收缩到需要的尺寸时，用滋泥将准备好的圆形泥片封好上口，然后将泥筒上下颠倒过来，拍打泥筒的另一端，使之收缩，并封好口，一个空心的壶身雏形就出来了。方型壶的成型方法主要是用镶身筒的办法。也是先打泥片，根据设计意图配制样板，按照样板裁切泥片，用滋泥将各泥片镶接黏连起来，做成一个小的泥盒子，就是茶壶的雏形。再用工具拍、勒、压，配制嘴、把、盖、的，整饰完成。待身筒基本成型以后，再配颈和足。配制颈、足的方法，是将厚度不同的圆形泥片贴在身筒的上下端。待把壶口外沿和底足外沿规正以后，把

1.打泥条　　　2.打泥片　　　3.拍身筒　　　4.上满片　　　5.上底片

6.搣身筒　　　7.撇身筒　　　8.搓嘴、把、的　　9.做把、嘴、的、脚　　10.装脚

泥片中间部分旋划割开取出，留下颈圈和足圈的泥料。

第三步，做壶手把、壶嘴、壶盖等。

做嘴、把和配制壶盖，要用各种牛角或竹木做的专用小工具对各部位的线型转折处反复勒压，剔理，使棱线清晰流畅。紫砂壶盖子的下面，有一圈直而宽的"子口"，子口的外径，务必与壶口内径紧密吻合，并能通转。安装壶把壶嘴时，先找到打身筒时泥片的接缝处。一般在接缝处的一侧先安装壶把，再在接缝处对侧位预先挖好通水筛孔，然后黏接壶嘴，使嘴、把和身筒的垂直中心部叠合在同一剖面上。

第四步，精加工。

制好的壶坯要经过细致的修整，进行精加工。

第五步，装饰。

有些紫砂壶需要装饰。装饰方法有贴花——堆塑山水、花草、人物、鸟兽等纹饰；绘写——以氧化铝、氧化铁或氧化镁等为呈色剂，在素坯上绘画写字；雕刻——在坯体上以阴文刻出书画。紫砂一般不上釉，也有少量用釉装饰的，大件采取泼釉法，小件采取浸釉法。一般单色釉上一次，彩绘器上两次。镶嵌工艺也属于装饰。清代道

| 11.琢脚 | 12.开嘴孔 | 13.装嘴、把 | 14.做盖 | 15.琢的子 |

| 16.琢嘴、把 | 17.光坯 | 18.开口 | 19.敲印章 | 20.成型 |

紫砂壶艺术家黄霁峰制壶的工艺流程

光年间，出现了包锡的工艺，但由于技术复杂，未能延续。抛光包铜的工艺也曾用于紫砂壶，包铜多见于壶嘴头、口盖的边缘等部位。金银丝镶嵌是新的装饰工艺，吸取木器、漆器的雕饰手法，先在泥坯上将纹饰图案刻成凹槽，烧成后将金银丝嵌入槽内，敲实、磨平。

第六步，烧制。

器坯阴干后，装匣钵进窑烧制。传统烧制紫砂器的窑是"龙窑"，即头低尾高的斜式窑。龙窑一般长达四十米，每隔一米为一节，烧炉在头部，燃料为木柴和柴草。窑背两侧各有五十个烧火眼，从烧火眼投入燃料。窑身两旁，每隔四到五米辟一个进出口，从这里装坯、取器。每窑需以1100℃～1200℃的窑温烧40～42小时，烧成后停15～24小时，再开窑取器。在当代，紫砂厂改用烧重油的新式窑炉，既节省人力，又提高了烧造质量。现在家庭作坊很多采用电炉烧制。

第七步，磨光上蜡。

紫砂器烧成后还要磨光上蜡，上蜡是紫砂特有的工序。彩绘的紫砂器，需经过两次装烧。还有的在烧成的紫砂上施加特殊装饰，如在烧成的紫砂壶上抛光包铜、金银丝镶嵌等，采用这些特殊工艺有时的需要配合烧制流程。

现在有些紫砂壶艺人已不再严格地按传统的纯手工工艺制作紫砂壶，采取机器制壶或部分采取机器制壶。机器制造的壶和纯手工壶价值是不一样的，如何辨别机制壶，一位紫砂艺术家根据自己烧制紫砂壶的经验，提供了一种鉴别的方法：通常手工制壶的紫砂艺人在烧制壶后，会在壶底、壶身和壶的内壁刻上自己的名号，如同画家作画完毕盖上印章一样。壶底和壶身的名号虽容易被复制，但是内壁上的就很难用模具烧制，看壶的时候发现内壁刻有款识名号的，90%以上是真的手工壶。

紫砂壶工艺细节之美

紫砂壶工艺的每一个步骤有很多细节，工艺之美就是追求细节之美，主要包括如下细节：

壶钮

壶钮亦称"的子"，为揭取壶盖而设置。钮虽小，但有"画龙点睛"的作用，变化丰富，是茗壶设计的关键部位。常见的壶钮有球形钮、珠钮、桥梁钮、动物肖形钮、瓜柄形钮、树桩形钮、花式钮等。

球形钮：圆壶中最常用的钮，呈珠形、扁笠、柱形，往往取壶身缩小或倒置造型，制作中采用"捻摘子"工序，搓、转、压挤而成，简洁快捷。珠钮和球形钮类似。

桥形钮：形似拱桥，有圆柱状、方条状、筋文如意状等。作环形设单环、双环，亦称"串盖"。平缓的盖面，环孔硕大的为牛鼻盖。

动物肖形钮：源于印钮。有狮、虎、龙、鱼等，有写实、抽象变形、

180

牛钮仿古壶（紫泥，
蒋艺华作），茗壶奇石
工作室主人熊艳军藏品。

仿古手法并举，与主体统一协调即可。

瓜柄形钮：花塑器常用的钮式，如南瓜柄、西瓜柄、葫芦旁附枝叶等，造形生动。

树桩形钮：取植物或瓜果的形态捏制而成，如梅桩、竹根、葡萄等。

花式钮及其他：随着新的陶艺形式发展，钮也打破了传统程式，以壶边大于口取代壶钮，盖与钮融为一体。

壶嘴

紫砂茗壶的嘴，喻为人的五官之一，它与壶体连接，有明显界限的称"明接"，无明显界限的称"暗接"。壶把、壶嘴与壶身的肩线、侧线贯通，形成舒展流畅的造型特色。壶嘴又称为"流"，为注茗而设置。好的壶嘴出手通畅而不涎水，注水七寸而不泛花，直泻杯底无声响，这与壶嘴壁薄、光滑、壶体孔眼、壶嘴眼、壶盖孔眼有着密切的关系。依据传统模式可分为一弯嘴、二弯嘴、三弯嘴、直嘴和流。一弯嘴：形似鸟啄，俗称"一啄嘴"，一般为暗接处理。 二弯嘴：嘴根部较大，出水流畅，明接和暗接处理均可。三弯嘴：源于铜锡壶造型，早期壶式使用较多，明接处理较常见。直嘴：形制简洁，出水流畅，明接和暗接处理都有。流形的鸭嘴：源于奶杯造型，一般用于茶器、咖啡具的造型上。壶体孔眼也是紫砂壶的细节，明代多为独孔，清代中后期为多孔，有三孔、七孔、九孔等。20世纪70年代出口日本的紫砂壶曾一度用球形孔，其孔要求排列整齐，与嘴对正，并依据嘴形而设置。

壶把

壶把，即壶柄，是为方便于握持而设置。源于古青铜器爵杯的弧形把的称把，源于瓷执壶条形壶把的称柄。壶把置于壶肩至壶腹下端，与壶嘴位置对称、均势，具体可分端把、横把、提梁三大类。端把：亦称圈把，其使用方便，变化丰富。把、口、嘴三点呈水平、对称。垂直形式安置，具端庄、安定的效果。横把：源于沙锅之柄，以圆筒形壶居多。提梁：从铜器及其他器形吸取而来的壶式，除提梁的大小与壶体协调外，其高度以手提时不碰到壶盖的钮为宜，有硬提梁、软提梁两种，光素器、花塑器都有，变化丰富。

壶盖

紫砂壶里外都不施釉，盖与壶体能一起烧制，以达到成品壶盖直紧、通转、仿尘、保温的要求和作用。壶盖的主要形式有压盖、嵌盖、截盖三种。压盖：亦称"完盖"。壶盖覆压于壶口之上的样式，其边缘有方线和圆线两种，均与壶口相呼应。与口置平的泥片称"座片"，弯起泥片为"虚片"，壶口泥片称"坨子"，壶墙的泥圈为"子口"，几个部位及转折过渡用脂泥镶接，完美贴切，浑然天成。嵌盖：嵌盖与壶身融为一体，是壶盖嵌于壶口内的样式。嵌盖有平嵌盖与虚嵌盖之分，能达到"准缝如纸、发之隙"者属上品。截盖：以壶整体截取一段作壶盖而名，这是紫砂壶特有的一种壶盖形式。其特点是简洁、流畅、明快、整体感强。制成后盖与口不仅大小合适，而且外轮廓线互相吻接，丝严合缝，故技术要求较高。有截盖、克截盖、嵌截盖之分。

壶底

壶底足也是构成造型的一个主要部分，底足的尺度和形式处理，直接影响造型视觉的美观。壶底大致可分为一捺底、加底（足圈）、钉足三种。粘接制作方式有明接、暗接两种。直方挺直造型的壶宜用明接，圆韵浑朴的造型宜用暗接处理。一捺底：紫砂壶烧成因无釉，故无烧成粘钵之虑，制作省工省时，用一捺底处理圆器造型刚劲利索，简练灵巧。加底：在壶身成型时加一道足圈，并用脂泥复合嵌接，亦称"挖足"。加底、脚圈应视主体造型而设置，用复子和勒子工具加工处理，亦有借鉴花盆底足处理手法，在方壶上采用挖出"奸门"有扁梯形托榫足等。钉足：它源于铜器鼎足，用钉足支架壶体，稳而不滞，透出灵气。型制大小，钉脚高、矮、粗、细，宜视主体而统一协调，圆器一般用三支钉足，方器则为四支钉足。

🌀 剔花工艺之美

剔花装饰，其实是一种特殊的雕刻工艺，属于透雕类别，即在浮雕的基础上镂空其背景部分。四千年前的良渚文化黑陶就曾经运用了剔花装饰手法，此种工艺后来用于瓷品装饰，被称为玲珑瓷。紫砂壶的剔花装饰流行于清代中期。其方法是以泥片镶接后呈双层结构，在壶体、壶盖的外层镂空雕装饰纹样，使之奇巧华丽，但是容易损坏，不够耐用。为了避免这一缺陷，当代紫砂艺人在运用剔花装饰工艺时，不再在壶体大面积施行，而改为在盖、流等局部部位进行小面积的镂空，这样既防止了一碰即断，又增加了美感。

蟾蜍莲蓬壶（紫泥+段泥，蒋蓉作），南京博物院藏。

☁ 炉钧工艺之美

　　此壶通高 21.8 厘米，口径纵 8.9 厘米、横 10 厘米。壶体硕大，气势恢宏，通体施浅蓝色炉钧釉。底有篆书阳文方印，字迹模糊，为"荆溪华凤翔制"六字。壶身呈扁方形，壶流平贴壶身，扁状壶把，桥式纽，连口短颈，壶盖密压盖口，整体造型规范，线条柔和圆润，造型轻巧，制作精良。壶以紫砂为胎，施以炉钧釉，斑驳淋漓，发色沉稳而不是艳丽，流畅均匀，层次分明，似如水波状，颇为华丽。炉钧釉高身汉方壶能充分体现出文人雅士的审美情趣，故为书斋文人、高风雅士心爱之物，甚为珍贵。

　　紫砂壶炉均釉，宜兴当地称画彩釉、上满釉。炉钧是沿用景德镇陶瓷业的技法，指在烧成的紫砂器周身施满含铜或含钴釉料，经低温二次烧成，釉面呈现钧瓷特征。虽然装饰风格过于繁琐，似乎破坏了紫砂朴素的本色，但作为收藏欣赏，炉均釉依然有较高的收

炉钧釉高身汉方壶
（清乾隆、嘉庆，华凤翔
作），南京博物院藏。

藏价值。因古代留下的炉钧釉紫砂壶数量极少，故每一件的收藏价值都很高。

　　炉钧工艺是古代紫砂壶的一种颇具特色的装饰手法，该工艺是在已经素烧的产品上用釉料彩绘和满身施釉。以最早的产品来推敲，它似乎是传统的用泥料堆绘方法的发展，而后改用了釉料。炉钧工艺和紫砂彩绘属于同类工艺，但与彩绘又有所区别。彩绘花卉、山水、人物等，是在用釉料在素胎上先堆涂纹样构图的基础上，再用彩色勾绘，类似于瓷器的粉彩。而炉钧工艺是在素胎周身涂布彩色的满釉，称之为"炉钧"。在紫砂胎上施炉钧釉的壶，釉色以葱翠为主，间杂月白、灰蓝等色，这与景德镇炉钧风格不同，釉色变化妙趣横生。

　　紫砂炉均釉的装饰方法，从古代一直沿用到1958年，之后才停止生产，约从2000年开始又出现了点彩加工，紫砂壶艺人对所造之壶作点彩装饰，以低温釉彩绘，在电炉里烧成。对于炉均釉装饰的优劣好坏，人们的看法不尽一致。有人认为，紫砂壶与其它工艺品的不同之处，在于它既有陈设性，又具有实用性，良好的特殊功能也区别于其它茶具。如果一种装饰阉割了它的特别的美和特殊的功能，那只能是画蛇添足。由于炉均釉烧成过程中容易出差错，故正品率很低，要烧成一件达到理想效果的炉均釉产品，绝不是一件容易的事。

包金银工艺之美

古人喜欢紫砂壶的包金银工艺。为什么要在紫砂壶上包裹一层金属？应该是收藏者所喜爱的或有收藏价值的茶壶有所破损时，为了弥补和挽救所作的相应方法。当口面开了缝时就在口上包一条线，壶嘴断了就用玉石代为包接，身筒开裂则来个全身包锡等，以至后来有艺人专施包接金属的装饰方法。还有一种金属包裹的情况，十九世纪初，宜兴紫砂壶外销泰国、马来西亚等南洋诸国，泰国华

壶盖包金（孟臣款，旧），茗壶奇石工作室主人熊艳军藏。

人富商钟爱包金、包铜、包唇口双沿、盖钮和壶底的圆珠鼎足及流口，均为黄金镶嵌的"镶金圆壶"（水平壶），和抛光壶身筒面，在口沿、底沿、盖边、嘴流镶嵌铜皮的"独钮洋桶壶"等，因市场需要，所以造成了当时紫砂壶包金银工艺的流行。

　　紫砂壶的包金银工艺，其实和包锡工艺一样，只不过材料不同。此外还有包铜等工艺，但传器较少，影响也不大。

镶嵌工艺之美

　　镶嵌工艺是我国手工艺中常用的装饰手法，紫砂镶嵌工艺借鉴其它传统工艺手法，把这种装饰手段运用在茶壶上，有镶嵌金、银、锡，镶嵌玉石、釉珠等，也有御用的描金绘银等。紫砂制作中的嵌金银丝，实际上就是将错金银运用于紫砂陶装饰上。当代刻嵌金银丝的领军

三镶玉六方壶。
旧，杨彭年款。龙
之堂黄素量藏。

187

人物是江苏省工艺美术大师鲍仲梅。后来紫砂镶嵌工艺所用的材料发展到色泥、象牙、珍珠、釉珠、螺甸、红木等。发挥紫砂壶的泥色和质感的优势，恰当地镶嵌金银丝，会产生典雅华贵的艺术效果。运用单纯和谐的象牙，将其细腻的纹路精细地加工运用，会呈现出幽静雅致、清新秀丽之美；在观音像的额头镶嵌釉珠，能起到画龙点睛作用。镶嵌工艺只要运用得当，就能丰富装饰效果，给作品增辉；反之，镶嵌不得当，过分繁复，比例不对，则会遮盖紫砂陶的质朴本质，不能显现紫砂陶的优良属性，也就违背了我们对紫砂陶的审美心愿和心灵追求的本意。

除了色泥与釉珠需在制作时嵌入再烧陶外，其它材料均在泥坯上预设镶嵌图案，待成陶后再嵌入。镶嵌工艺方式多样，运用灵活，如嵌金银丝常常与嵌色泥结合起来使用，嵌色泥又可和绞胎或铺砂一并施行。镶嵌工艺运用恰当，能够极大地丰富装饰效果，产生互相辉映的材质美，平添奇趣的图案美，为紫砂壶作品增添了艺术魅力。

包锡工艺之美

在紫砂壶上包裹一层锡皮，称锡包或砂胎包锡。紫砂壶的包锡工艺是以紫砂作壶胎，壶外周用锡片包裹，再在锡片上刻画铭诗，嘴口、盖纽及壶把多以玉镶接。包锡工艺让紫砂壶高雅别致，是一种有特色的装饰方法。以锡制壶第一人，是明代万历年间的苏州人赵良璧，据说赵仿时大彬的紫砂壶式样，以锡创制成锡壶。这样看来锡壶与紫砂壶本来就有血缘关系，属姐妹。稍后的归复初，字懋

提壶。包锡工艺，
孟臣款，旧。龙之
堂黄素量藏。

德，也是苏州人，以生锡制壶身，用檀木作壶把，以玉作壶嘴和盖顶，其作品在当时就很昂贵。有行家指出，当代某些紫砂名家为抬高紫砂壶身价而抑锡扬砂，有自己的个性特征，但也不能因此贬低包锡工艺的价值。

包锡工艺曾在清代道光年间有过短暂时间的流行。现在我们所能见到的最早的包锡紫砂壶为朱石梅（一写为　）所制。朱石梅是紫砂胎包锡壶的名家，是清嘉庆、道光年间的文人，名坚，号石眉，浙江山阴（今绍兴）人，能书，擅画，精鉴赏，尤工铁笔，竹石铜锡的工艺都很擅长。朱石梅曾与紫砂名工杨彭年、申锡、吉安等合作紫砂壶，亦与制锡壶名手共制锡壶，中国国家博物馆、北京故宫博物院都收藏有朱石梅刻梅落款钤印的锡壶，所以其制作砂胎锡壶可谓顺理成章，水到渠成。朱石梅之后，参与包锡壶创作的还有小桐（刻铭）、步朗（刻铭）、云岩（刻铭）、芷庵（刻铭）、俞国良（制胎）等。民国以后，随着锡壶制作的消声匿迹，包锡紫砂壶不再生产，所以制作精良的包锡壶极具收藏价值。

☁ 雕漆工艺之美

　　雕漆工艺属于髹饰工艺中的一种，是指对紫砂壶以漆艺加以装饰。雕漆是在漆器胎上涂数十层或上百层漆，趁未干透时雕刻各种装饰花纹，然后再烤干，磨光。雕漆以红漆为主，故又称剔红。若用黄漆则称剔黄，黑漆则称剔黑，漆层有多色的，称为剔彩。雕漆工艺始于唐代。明代永乐起，朝廷开设了"果园厂"，专门制作各种漆器，所出雕漆、填漆制品精美无比，称为厂制。清代时也有紫砂胎剔红执壶，2002 年佳士得拍卖公司曾在香港以 139.41 万港元拍出一件"大清乾隆年制"款紫砂胎剔红饕餮夔龙纹长方形茶壶，弥足珍贵。

宜兴窑"时大彬"款紫砂胎剔红山水人物图执壶，明晚期，通高13.2cm，口径7.6cm。清宫旧藏。

☁ 其他工艺之美

　　紫砂壶装饰工艺还有漏花工艺、丝网工艺、螺钿工艺等。
　　螺钿工艺在中国源远流长，田自秉《中国工艺美术史》认为螺钿起源于汉代。紫砂壶的螺钿工艺也属于髹饰工艺之一。髹饰工艺

福禄寿喜壶（周定华款），
龙之堂黄素量藏。

主要有雕漆和螺钿这两种工艺。螺钿，亦作螺甸，是用螺片、贝壳、玳瑁等薄片制成人物、鸟兽、花草、建筑等形象，嵌在髹漆器物上的一种装饰工艺。民国李景康、张虹《阳羡砂壶图考》记：姬人月色少时曾在陈昭常简持宠姬处见一方壶，内紫砂胎，底钤"鸣远"印，篆书阳文，甚精劲。外黑漆嵌螺钿，流与鋬两面作折枝花分布，螺钿深碧浅红之色作花叶，备极巧思。左右两面嵌人物，似是《玉簪记》偷诗、茶宴两故事，几案屏帏文房珍玩亦分选螺色配成。壶盖作汉方镜花纹，尤为古雅，底铭印章为"姜千里造"小楷，瘦金书。此壶由明末清初著名螺钿艺人姜千里与制壶大师陈鸣远合作而成，实乃稀世之珍，遗憾的是现在已不见实物。

漏花装饰工艺，又称刻纸粉泥。该工艺流程是先在一张厚纸上刻出镂空的花纹，然后放在花盆或大壶的平面上，用化妆土在上面平涂，达到一定厚度后，再将纸揭除，漏印出化妆土形成的花纹。漏花装饰工艺是抗日战争时期由江苏省立陶校研创的，宜兴紫砂工艺厂建厂初期曾使用过，但因工艺复杂，装饰效果欠生动，画面较呆板，今已基本不用。

紫砂壶的丝网印刷装饰工艺，最初多见于"文革"时期，当时为表现政治题材，借鉴版画中的丝网版工艺而大量使用。紫砂壶的丝网工艺方法是将泥浆印在贴花纸上，再以花纸贴到泥坯上，留下泥纹图案，常见图案有白毛女、毛主席像等，这些已经成为今天收藏"文革壶"的热门品种。文革期间出品的丝网工艺紫砂壶作品，作为现代藏家喜爱的红色题材和文革题材，有较高的收藏价值。如今，紫砂壶和花盆生产亦有一些采用丝网技术，直接将图案印在坯体上，但这样生产出来的紫砂器，与纯手工刻绘图案的作品不可相提并论。

刻绘装饰之美

紫砂壶的刻绘装饰工艺，也称为刻画工艺、陶刻装饰工艺，或称为雕刻，是指艺人们用锋利的小钢刀在泥坯上雕刻文字和图形，然后装套进窑烧成。这是集器形、绘画等多种艺术于一体的独特装饰手段，可使紫砂壶在淳朴中见妍美，是在器皿的体表上采用的符合实用和审美要求的艺术手段。刻绘装饰之美，不但美在形式、内容及手法技巧，还美在作者的文学素养、书画功力以及人格气质整体的表现。因为表现形质的笔法、技法、章法只是手段，而写神才是艺术的本质，艺术表现水平的更高标准。刻绘装饰之美，只有当紫砂壶配上得体的刻绘图画装饰，富有意境的绘画，才是好的艺术作品。

元代紫砂器已经有刻绘工艺了。随着文人介入制壶，刻绘的内容也从以落款为主变为刻绘了。清代嘉、道年间的陈鸿寿（字曼

生），对紫砂壶刻绘装饰史上做出了巨大贡献，他设计的壶上，常见刻绘有梅兰竹菊之类的图案。当时陈鸿寿是为了自娱雅兴，亲自参与设计多种以光货为主的造型，简洁的壶型可装饰面较大，利于装饰，陈鸿寿与江听香、高爽泉、郭频伽等人题铭并刻画，开创了紫砂壶艺的独特艺术风格，是陶刻装饰上的一次飞跃性升华。陈鸿寿等人凭借他们的学识素质，大力发挥陶刻艺术的技法，刻画精工细作，粗犷豁达，紫砂壶的形式和陶刻工艺相协调，呈现出文人壶的陶刻装饰之美。由于刻绘书画的茗壶价格更高，此种工艺便大行其道，至清末更涌现了邵云如引领的一大批专业紫砂刻绘画家。

紫砂壶的刻绘工艺是绘画与陶刻的融合。曼生壶问世以后，文人、画家和艺人有意识合作创作，刻绘工艺成为紫砂壶文人气的独特气质所在。正是这种洋溢着书卷味的形式，几百年来吸引了许多著名画家如黄慎、郑板桥、吴昌硕、任伯年、于右任、黄宾虹、蔡元培、唐云等积极参与刻绘艺术，他们与紫砂壶艺人合作，创造出了无数刻绘精品力作，促进了紫砂壶艺的繁荣。在当代涌现出了诸多紫砂

藤枝提梁壶（段泥，底款"吴云根"篆刻印章），四川省三台县博物馆藏。

壶名家和艺人聘请著名画家绘画镌刻于茗壶的新高潮。书画家积极
参与和提倡的刻绘装饰，将绘画、书法、篆刻融于壶艺、茶艺之中，
成为紫砂壶装饰的主流。

☁ 彩绘装饰之美

　　彩色绘画是指用笔直接在紫砂壶上绘画涂色，鉴赏彩绘紫砂壶
重点是绘画第一，第二。只要绘画美，或是名家名作，即使壶是普
通壶，同样也会因此而大大提升审美价值。当然也不排除有少量好
壶被低劣的彩绘降低价值，若遇到此类情况就要区别对待了。总的
来说，壶经过画家的彩绘增饰后会变得更完美。

高帽彩绘壶（"孟臣"
款），龙之堂黄素量藏。

筋纹壶（朱泥，旧），
茗壶奇石工作室主人熊艳
军藏。

194

紫砂壶工艺师要将壶艺造型与彩绘完美相融并不容易，每一笔要十分细心，还要将画中意境表现出来。要做到这些，与艺人的技术能力和文化修养都密不可分。有些紫砂壶艺人的壶技非常高超，壶本身的艺术价值也已经很高了，但他们绘画功力不够，便也很乐意请画家合作，画家在他们的壶上彩绘，经过烧制后，生动的彩绘与高品质的壶互为增色，紫砂壶的艺术价值大大提升。

♋ 泥绘装饰之美

泥绘，往往采用了堆塑工艺，因此泥绘与堆塑是紫砂壶上的姊妹花，她们往往联袂而行。虽然泥塑与堆塑难舍难分，但也不能将泥塑称为堆塑。泥绘是紫砂壶特有的装饰工艺之一。泥绘装饰的手法是采用毛笔蘸紫砂泥浆，在已经成形但尚保持一定湿度的紫砂器坯体上，堆画纹饰和书写诗文。在堆泥较厚部位，可以适当雕琢。烧成后，泥绘作品具有浅浮雕、薄意雕的艺术效果。泥绘常常是一种彩色绘画，用来堆画的色泥有朱砂泥、黑泥等，其纹饰主要是山水画，也有花鸟画，均以中国画形式表现，古朴雅致，意味隽永。早期的泥绘、堆塑产品以白泥居多。用泥绘与堆塑结合的手段来装饰，工艺师必须具有绘画、书法、贴塑等高超的艺术造诣，才会创作出具有良好效果的泥绘作品。

紫砂壶泥绘、堆塑工艺兴起于清代乾隆、嘉庆年间，流行于清中期，从清代后期至 20 世纪 90 年代，虽有一些作品，但始终并不流行。进入 21 世纪后，泥绘装饰方法大行其道，紫砂壶采用这一装饰工艺，

泥绘飞鸿壶（底槽清，
350CC，丁淑萍作）

往往身价倍增，其中不乏高手。拍卖会上两次出现杨季初款泥绘山水图笔筒，均以高价成交，这两笔筒外壁都不像雪江待渡图那样饰以黑褐色化桩土，且色彩颜色鲜艳刺目，所以有专家鉴定估计，整器旧气不足，似为近年新作的膺品。2004 年，某拍卖会上拍出的"大清乾隆年制"款民国泥绘山水图文具一组，也有专家提出质疑，认为民国时期紫砂装饰很少使用泥绘工艺。

珐琅彩装饰之美

　　紫砂壶的珐琅彩工艺属于釉彩工艺之一，釉彩工艺是将紫砂工艺与景德镇瓷器釉上彩工艺结合起来的产物。紫砂壶的珐琅彩工艺是在已经烧成的紫砂陶器上施加釉彩，再以低温红炉二次烧成。釉彩装饰工艺除了炉钧、珐琅彩，还有粉彩、描金等。珐琅彩紫砂是

196

康熙时宫廷造办处烧制的、为皇室专用的紫砂器，民间未见。珐琅彩自清康熙朝首创后，乾隆时达到高峰，均由宜兴入贡素胎紫砂器，再由清官内务府造办处工匠以珐琅釉彩绘花卉纹并加款烧造，均为宫殿用器，制作极为考究，豪华精巧，富丽堂皇，传世品很少，偶见一件，马上会受到收藏家追捧。据清内务府造办处档案记载，乾隆朝宜兴画珐琅"俱康熙年款"，两者的区别在于康熙珐琅彩紫砂器在素胎上直接画珐琅花卉，而乾隆时先上红或蓝色珐琅彩底釉，再以其它珐琅彩绘花。

龙纹汉方壶（清道光），南京博物院藏。

粉彩装饰之美

粉彩工艺由珐琅彩衍生，以粉彩釉料在紫砂器上绘山水、花鸟、人物，二次烧成。乾隆中期以前多全器满彩，锦地开光；乾隆末期以后简化为点彩，在紫砂器胎面直接以粉彩绘画书写。嘉庆、道光年间还出现一种以蓝釉作底、白釉绘写的"蓝白釉彩"，其中蓝色深邃者年代较早。

197

水平壶（朱泥，粉彩，旧），茗壶奇石工作室主人熊艳军藏。

水平壶（紫泥，点彩，描金装饰，"孟臣"款，旧），茗壶奇石工作室主人熊艳军藏。

描金装饰之美

　　描金装饰，是用黄金与水银加热后的化合物作为彩料，这种化合物成为金泥，在紫砂壶壶体和盖面上绘画书铭，二次烧烤时水银蒸发，便留下描金字画。乾隆时期宫廷首创，以后各代宫中虽有仿制，但均未能达到乾隆时期精湛的水平。传世稀少，价值珍贵。描金装饰呈现出一种精妙绝伦、富贵华丽之美。

☁ 贴花装饰之美

　　贴花装饰的工艺方法是将事先用模具或手工制作好的薄泥图案，粘贴到有湿度的泥坯上成型。薄泥图案可以根据设计需要，用不同色泥形成不同颜色，其大小、位置视主体器物而定，具象风格的作品，要求薄泥图案生动传神，如"贴花四方开光壶"；抽象风格的，则要求准确达意，有独特语汇。此种装饰手法，在清代后期多有佳作问世，贴花装饰呈现出视觉形象突出、富有立体感的美。

梅桩壶（紫泥，吴扣华作），茗壶奇石工作室主人熊艳军藏。

☁ 印花装饰之美

　　紫砂壶印花装饰工艺，亦称印纹装饰或印板装饰。印花装饰需要先制作好模板，一般是用木质细密坚硬的木板做模板，或用陶板、石料板，刻好设计的装饰纹样或文字，然后用泥片压印于模板，再将压印的纹样泥片镶接成型，或者用陶拍在已经成形的紫砂器需要装饰的部位压印。紫砂壶印花装饰工艺源自北宋后期定窑以陶范印花的盘碗，常见牡丹、莲花、菊花等花卉纹，龙纹，孔雀、凤凰、鹭鸶、鸳鸯、雁、鸭等禽鸟纹，水波游鱼纹和婴戏纹，布局严谨，层次分明，线条清晰，密而不乱，具有很高的艺术水平，并且影响了北方的耀州窑、南方的景德镇青白瓷等。

柱形四方壶（壶腹款"石某摹古"，清道光，朱坚作），南京博物院藏。

该壶通高13.5厘米，口径6.5厘米。泥色茶黄，壶身呈方柱形，壶腹一侧采用印花装饰工艺，模印隶书"传世富贵"四字，另一侧镌刻楷书壶铭，署"道光己酉春行有恒堂主人制"，钤"定郡清赏"篆书阳文方印。底有篆书阳文"石某摹古"方印，把下钤篆书阳文"吉安"小方印。朱坚，字石梅，一作石楳、石某、石眉。

雕塑装饰之美

紫砂壶的雕塑，并非是指以紫砂泥料创作的雕塑作品，而是施用于紫砂器装饰的捏塑、贴塑和琢刻等工艺。塑，是用紫砂泥料造成人物、动物、植物的形象。捏塑，可达至类似圆雕或高浮雕的效果。贴塑，则达到类似浅浮雕的效果。贴塑常用不同颜色的泥，以丰富塑造对象的自然效果。雕，是琢刻去不必要的泥料，使形象鲜明生

动。以雕塑工艺装饰的紫砂器，就是行内所说的"花货"。在制陶中运用雕塑工艺进行装饰由来已久。考古发掘表明，早在公元前的仰韶文化时期，就已经出现了将整件陶器塑成鹰形的鼎。紫砂器雕塑工艺的运用则起源于成熟期，徐友泉、欧正春、陈仲美、沈君用等，都是雕塑高手。嗣后，雕塑工艺一直长盛不衰，高手辈出。陈鸣远、许龙文、杨凤年、陈荫千、邵赦大、俞国良、范大生、冯桂林、陈光明、蒋燕亭、范正根、叶德喜、裴石民、吴云根、朱可心、蒋蓉、汪寅仙等堪称其中的佼佼者。凡是上述艺人制作的精品，都可重点收藏。

梅桩（底槽清，300cc，范建中作）

🏵 线条装饰之美

紫砂壶的线条丰富多彩，有阴角线、阳角线、凹凸线、凹线、云肩线、弄堂线、圆线、鳝肚线、碗口线、鲫背线、飞线（亦称活线）、翻线、隐线、侧角线、方线等，具有代表性的立体线条有灯草线、子母线、云水纹、花瓣纹和菱纹等，此外，还有皮带线、推迟线、盖口线、盖口上翻线、腹线、双复线等。紫砂壶的线条装饰是茶壶造型不可分割的一部分，这些线纹的运用，既是一种装饰的艺术手段，又起到确保器体质量的作用，增加了实用功能。在紫砂壶筋囊器和光货上，有的线、纹应用于器口、器底和器足，可以增强壶体的牢固，使造型更趋于安定和稳重，有的是增强造型的韵律和节奏，使之质感完美。有的线条使得造型更加端庄大方，让各个镶接处更加牢固。有的线条是一种以瑜掩瑕的艺术手段。有的线条使方形器形的突出部分匿角藏锋，气韵潇然。

四方壶（紫泥，高峰作），茗壶奇石工作室主人熊艳军藏。

铭文的书法艺术之美

书法艺术是陶刻装饰的一个重要部分。书法装饰之美首先要书法美，同时将书法镌刻在紫砂壶上的陶刻艺人的技艺也要达到一定的熟练程度，才能将书法完美地呈现在紫砂壶上，书法和陶刻皆美，才能达到书法装饰之美。紫砂壶的书法装饰，俗称刻字，也有人称

为陶刻，但陶刻包括刻绘，即将图案刻画在紫砂壶上，刻字只是陶刻的一部分，可以说，书法装饰和刻绘装饰都采用了陶刻，但两者又是有分别的。

紫砂壶与书法艺术被誉为紫砂界两枝并蒂而开的花朵，两者有机结合，可以让这两朵并蒂莲绽放得更加美丽。紫砂壶装饰艺术的发展是和书法分不开的，到清代，书法几乎成为紫砂壶必不可少的装饰内容。古人知道，在紫砂壶上书写历代文人才子的佳作名篇，让名作名篇和书法与紫砂壶这一独特的载体相互映衬，展现其艺术的魅力，可以为紫砂壶文化增色。有别于图案装饰，书法艺术的装饰形式和手法变化巧妙，形式多样，内容丰富。字体有篆、草、隶、行、楷、钟鼎、石鼓文等各种不同的书体，少则一两字，多则几句诗，一段文，或大笔挥洒，或细笔勾画，使造型和装饰有机结合，相得益彰。图案虽雅俗共赏，但与书法比较，似乎略逊色于书法的内涵、气势和蕴意。紫砂壶的书法艺术之美，也包括书法寓意的优美和深刻，书法的寓意需要满足大众的需求和普遍的审美情趣，题写诸如"福如东海"、"天道酬勤"、"延年益寿"等吉祥词句，为满足大众普遍的审美情趣，往往借用诗词佳句、对表现紫砂壶的文化意味可起到

扁圆壶铭文书法之美
（"竹炉山房"款），
龙之堂黄素量藏。

203

画龙点睛的作用。书法艺术的装饰美，是抽象思维形式的运用，同一文字在甲骨、篆、隶、楷、行草中能产生各种不同的装饰美感，这就要求紫砂壶书法陶刻艺术家敢于突破常规，使之升华为紫砂壶书法的装饰美。

紫砂壶的书法艺术之美，有助于紫砂壶价值的大大提升。对紫砂壶书法之美深有研究的有识之士认为，紫砂壶与书法艺术完美结合所产生的美感，有时甚至超过紫砂壶载体本身。因此壶艺家要达到物我两忘的爱壶境界，要了解紫砂壶的特性，才可以借壶抒情，创作出令人过目难忘的紫砂壶书法佳作，达到"壶随字贵，字依壶传"的境界。

宋荦（1634～1713年），字牧仲，号漫堂，又号津山人，晚号西陂老人，河南商丘人，宋权子，以荫仕官至吏部尚书，博学嗜古，工诗词古文，善水墨兰竹，超妙工致。精鉴赏，收藏名迹甚富，爱好壶艺。

款识的历史文化之美

"清德堂"为清初著名文物鉴赏家宋荦的堂号。《阳羡砂壶图考》载："砂壶传器，有'清德堂'篆印者，

想必为宋荦游宜时所定制。以牧仲名高，故后世仿其堂号制壶者甚夥。"历来所见"清德堂"印款有数枚，精粗不一，因未见"清德堂"紫砂壶标准器出土，尚无法论断真赝。

紫砂款识是指用钤印盖或用刀镌刻在紫砂陶器的底部、盖内、把下、壶内等处制作者或定制者、监制者的印记。紫砂壶款识的表现手法简单来说有两种，即刻款与印记款，另外还有一种使用釉上彩题款，今已很少见，可以忽略不计。所谓刻款，即用竹质或金属制刀具在胎体上镌刻的款识。所谓印记款，是用印章篆刻或图记、图案表现的款识。刻划款识，由于使用竹或金属等不同工具和刀法不同，由此也产生了不同的款识效果。一种为等线体，每字的笔划粗细基本相同，有类似同圆珠笔书写的效果。另一种为颇具书法效果的楷书或行书体款识，但以后者为多。存世的历代紫砂器，见诸实物款识较早的是明万历年间的时大彬制紫砂壶上的款识，可见印款方法自明代起就有使用。明代流行刀刻款识，由于使用的刀具和刀法不同，出现了两种不同效果的款识：一种是等线体字，例如"玉香斋"三个字，每个字的笔划粗细基本一致。另一种是富有书法韵味的楷书或行书体款识。明代时大彬最初是请书法家用毛笔把文字写在胎体上，再用竹刀依毛笔的提顿转折逐笔刻划出。时大彬后来

"邵正来制"
款识，清道光年间名家款。

205

熟至生巧，不再请人"落墨"，而是自己以刀为笔，由此赋予款识个人独特风格，以至别人无法仿效。

以刀刻署款，必须有书法基础，还要有高超的刀功，普通艺人难以达到。加上刻款费工费力，速度慢，因此到明末清初之后，刀刻款识逐渐让位于印鉴款识。尽管明末清初已经出现了印章款识，但仍有一些艺人继续用刀刻款识，同时并用钤印。陈鸣远是紫砂器刻划钤印转换时期的代表人物，他同时采用刻划署款和使用印章，他继承了明代壶艺家显示自信、追求典雅质朴的艺术风格，又开启了清代钤印留名，以印代刻的新局面，使紫砂壶呈现诗、书、画相得益彰、高雅文气之美。到了清代，刻名款和印章款共存，文人雅士撰铭往往用刻款，用刻款要求字迹具备一定的书法基础，一般工匠很难达到。随着紫砂壶市场的繁荣，刻款速度不能适应批量生产的要求，因此刻款逐渐被印款所取代。越来越多的紫砂壶艺人采用了更为简单的印章款识，广泛采用文字和图案预先刻制的模具，代替竹刀在紫砂器胎体上留下印鉴。有些大师级的紫砂陶刻艺术家，在刻名款的同时，也使用印鉴。

紫砂款识源于古代印陶，但它又有很多独有的特点。紫砂款识多具晋唐遗意，用玺印钤压的款识，其风貌与汉印、明清流派印很多是近似的。有的款识直接借用名家印作，如顾景舟用一印"足吾所好玩而老焉"为清代篆刻家吴熙载作品的仿制。紫砂款识所用文字多为楷书、小篆和缪篆，从书法的角度欣赏紫砂款识，远不及古印陶的丰富清新。紫砂款识所用印章的章法大多显得规正严饰，有一定的艺术价值和欣赏价值，但也有一些印是工匠自制的，比较粗劣，用字往往有误。其次，紫砂款识所表达的内容，除制作者、定制者、监制者、纪年等以外，还有斋、馆、室名，多主寓意的闲章，商标款也出现了。古印陶的内容就单调得多，这与印章的发展（唐代以后才用斋、馆、室印）和商品经济的发展是分不开的。古印陶中有

肖形印，这在紫砂款识中很少见到。

紫砂有了款识，是其由实用品转为艺术品的标志之一，这样就有了名人名作，便于鉴赏识别，款识与作品连成一体，一壶千金，不足为奇。

紫砂茗壶的印章款识内容是丰富多采的，最常见又最规范的便是镌刻艺人的姓名、字号，这是紫砂茗壶款识的一个主要特点。印章可以不断地重复使用，适应了批量生产的需要，也有助于紫砂壶收藏者一眼就能通过印章认出艺人。紫砂茗壶的印章款识不仅在鉴定、辩伪方面作用巨大，而且提供了丰富的信息和一定的人文背景，具有很高的艺术性和观赏性。按图文分，印章有三种款式：图案印章，文字章，图文相结合的印章。印章款识的形式多种多样，有正方形、长方形、圆形、椭圆形、瓦当形、葫芦形等不同造型的阴、杨文印。主要是正方形、长方形和圆形，此外还有异形章。这几种印形中，以正方形印最常见，各种身份的人都用，较少见的是肖形印，椭圆形多用在盖内或柄下。小小款识，展现的不仅是镌刻之美、形式之美，还蕴含深厚的文化内涵，呈现出丰富多彩的文化之美。

鉴赏紫砂款识，应从如下几点着眼：

风格要协调

紫砂壶款式用印要与其壶的风格协调。一般来说，工细精致的紫砂作品，宜用娟巧秀丽的印章；朴实奔放的作品，宜用粗犷老辣的印章；端庄稳重的作品，宜用方正平稳的印章。制壶名家王寅春常用的名印"王寅春"，得汉铸印神韵、残缺自然，通力巧妙，钤在其作品上，印虽小却显得雍容大度。顾景舟所用"景舟制陶"一印，线条不粗却刚劲饱满，恣意纵横而错落有致，令人看到大家风度。有人喜用一种四平八稳、粗细、深浅一致，工艺化的印章，这类印章降低了紫砂壶的品位。壶的造型与提名也可用风格相应的印章来匹配。"秦权壶"，可用有"田"框的仿秦印、半通印。"汉瓦壶"

可用仿瓦当印。"集玉壶"，可用仿切玉印。壶身装饰性强的可选用乌虫篆印。正如一位名家所言："壶的风格，随人而异。揣摩用印，也要相类而施。用印也是创作的一个部分；要一并构思，有机结合，才能进一步提高作品的艺术性。"用闲章应与作品寓意相合。青年壶艺家吴群祥其居曰"草木居"，寓草木有情，"草木居"一印为篆刻家马士达所作，钤之于壶，脉脉传情，耐人寻味。

印章大小要适宜

用印钤款需视作品的大小而相应配置，倘若几人合作，几人的印章大小亦宜相仿。有人曾说，用印宁小勿大，大则不雅，是有一定道理的。当然也不能一概而论，一位制印大家应吕尧臣之嘱作"尧臣陶艺"一印，拟战国玺意，与其代表作"玉玺壶"底一般大小，钤之于壶即为一巨玺，匠心独运，非常巧妙。紫砂壶艺人往往都备有一些大小不同的印章，用起来更能得心应手。

印章形式要善择

印式变化有姿，可与整体作品的艺术美相得益彰。印章的形式，除正方形、朱白文（钤在壶上则相反，一凹一凸）外，还有半通形、瓦当形、圆形、半圆形、椭圆形、葫芦形、自然形、肖形等各种印面形式。凡一件紫砂壶作品同时钤用两方或两方以上印章者，就需择不同的印面形式。曾获巴拿马博览会金奖的程寿珍喜用一方圆中有方、方中见圆的"冰心道人"印，钤在其作品"掇球壶"上，浑然一体，如见古佛之容。

印章制作要考究

紫砂款识所用印章的制作者有艺术家，也有不少民间陶工，优劣悬殊。如今，紫砂艺术有了很大发展，但款识的艺术水平却往往还不及古代的。"王南林制"、"杨彭年造"、"阿曼陀室"这样精彩的款识越来越少见。很多紫砂壶艺人往往会自己治印，但并没有篆刻名家专业，如有条件，紫砂壶艺人应尽量请篆刻名家治印。

钤压位置要得当

一般用印在底部、盖内、把下。如用在壶的明处，尤其要审查位置，用得好，可以起装饰作用，活跃画面，得画龙点睛之妙，钤压位置不当，则不啻画蛇添足。

钤印轻重要适宜

钤印时应注意平整，用力均匀，不可深浅不一。由于印的形式与风格有异，作印者用刀深浅不一，钤印时也应恰到好处。有的不一定要钤足，有的却非钤足不可。清代篆刻名家陈鸿寿（曼生）设计的壶式，寓巧于拙，古朴而又幽默。杨彭年制作的壶底钤"阿曼陀室"一印，钤足后方显得雄健朴茂，运刀犹如雷霆万钧，金石味十足。紫砂款识的用印往往是专门性的，深浅与用力应尤为注意。盖印者应注意钤压在紫砂壶上的艺术效果，把握好力度和轻重。紫砂款识是古印陶的延续，属于篆刻艺术的范畴，也是紫砂陶的重要组成部分。一件作品，款识不好，不是好作品；一把壶，款识不好，不是好壶。鉴赏紫砂壶，除了造型、泥料、制作、烧成之外，款识也是鉴赏的要点之一。

☁ 创新装饰之美

当代一些艺术家对绘画装饰技法进行了大胆创新。如高级工艺美术师蒋建军（丁山君）创作了一系列枫叶绘画的紫砂壶作品，多件获得全国金奖。笔者曾询问其枫叶

秋韵（蒋建军作）

的装饰工艺，是彩绘？泥绘？粉彩？印花？还是其他？蒋建军回答，这是他探索的多种装饰工艺手法的结合，不是单一的绘画工艺技法，是他的独特的技法，这种装饰工艺暂不对外不公开。

上天赐予宜兴得天独厚的宝贵资源，加之天资聪颖的宜兴人世代相传制壶技艺，一代代能工巧匠成就了紫砂壶的做工手艺之美。紫砂壶的美，就在于壶砂、壶色、壶形、壶画、壶款、壶章、壶铭的综合之美，它将绘画、书法、雕塑、篆刻诸多艺术美的要素融于一体，相得益彰、相映成趣，使收藏家不由得常常发出感慨："不见则已，一见爱不释手；不集也罢，一集终身不休！"

第九章

栗色暗暗 如古金铁

——紫砂壶的养护包浆之美

- 被神话了的老壶
- 紫砂壶养护始于选美
- 新壶的开壶
- 泡茶养壶浑圆脂润
- 紫砂壶的清洗
- 一把壶只泡一种茶
- 紫砂壶保养要点
- 养壶如养性
- 紫砂壶的收藏保存

"茗壶莫妙于砂，壶之精者又莫过于阳羡（宜兴）"，这是明代文学家李渔对紫砂壶的评价。紫砂壶是泡茶的最佳器具已成共识，有好茶相伴，紫砂壶更显其温雅气韵。现在喝茶的人多了，使用紫砂壶的茶友越来越多，大多数人使用的是新壶，体现了紫砂壶的实用价值和艺术价值。但许多初藏者只知观赏，却不懂如何养壶，其实养壶是收藏鉴赏紫砂壶时不应忽略的极其重要的环节。

　　紫砂壶的收藏价值和文化价值，更多体现在养壶上，养出紫砂壶的岁月沧桑之美，是很多高品位紫砂壶收藏家的追求。紫砂壶的岁月沧桑美，就美在它的包浆如骨似玉，浮澡之气消失，深沉老气尽显，给人以沉静安详，给人以温和抚慰。正如明朝人称赞供春壶："栗色暗暗，如古今铁，敦庞周正。"紫砂壶的岁月沧桑美，主要是指古壶和老壶，但这个话题也不排除新壶，因为新与旧、古与今都是相对而言的，今天的新壶，十年后就是旧壶，五十年后就是老壶，一百五十年后或许就是古壶。

🌀 被神话了的老壶

据说 20 世纪 80 年代，杭州有一个老太太拿着一把黑乎乎的紫砂壶坐在大街上。一个外国人看到了这把壶，就和老太太聊了起来。老太太说，这壶好像是从爷爷那辈传下来的。当时老外就很感兴趣，说愿出一千块钱买下这把壶，第二天早上一手交钱一手交货。老太太乐坏了，满口答应，回到家里，老太太捧着这把壶左瞧右看，越看越觉得茶壶太脏，她就把壶从里到外洗得干干净净，包装得妥妥帖帖。第二天，老外来取货时，看到这把除旧布新的壶，愣了一会儿，遗憾地连连摆手说："不对，不对。"老太太说了洗壶的经过，老外听了追悔莫及，说我就是要你昨天的那把壶，你洗干净了就没有价值了！原来经过长期泡茶后，紫砂壶会在内壁形成一层厚厚的茶垢，一看就有年代感，使用得越久，用得越多，紫砂壶的外观也会逐渐形成一层包浆，看起来有一种岁月沧桑感，老外看中的就是这种岁月沧桑感啊。

紫砂界还流传着另外一个故事，有一个流浪汉，溜进一家饭店的厨房，想拿两个馒头垫垫肚子，可是他发现只有一锅红烧肉，于是一口气就把那锅红烧肉吃了。店主抓到流浪汉，将他绑上公堂。县太爷一看，把他放了，告诉店主：这小子肥肉吃得太多，已经得了一种绝症，俗称油漫心，三日之内必死。店主一听，就让手下把流浪汉丢进一座破庙。流浪汉在破庙里上吐下泻，腹痛难忍，躺在那儿等死。恍惚之中，来了一位云游四方的和尚，和尚从怀里掏出一把老茶壶，对流浪汉说：要想活命，只有靠它了。流浪汉挣扎起来，爬到一眼温泉旁，抄起老茶壶就舀温泉喝。喝了三天三夜，病痛全无。接下来各色人等围绕那把神奇的壶，明争暗斗，巧取豪夺，一寸紫砂一寸金，流浪汉卖了那壶，从此过上安逸的生活。

掇球壶（紫泥，旧），茗壶奇石工作室主人熊艳军藏。

关于老紫砂壶内壁的茶垢是否有神奇的功效，众说纷纭。有人说，有了茶垢，即使壶中不放茶叶，也能冲泡出茶汤来。有人说，老茶汤具有药用功能，能治一些疑难杂症，还可以抗癌。也有人说，从科学的角度，茶垢不仅不能抗癌治病，还有毒，有可能致病。无论紫砂壶的茶垢是好是坏，但有一点可以肯定，有茶垢的壶都是有一定年份的壶。有一定年份的壶都栗色暗暗，如古金铁，有一种岁月沧桑之美。

紫砂壶养护始于选美

如何藏养紫砂壶？是每一个紫砂壶收藏者和爱好者都急于想知道的知识。一把壶烧制出来后，因胎骨火气重，紫砂壶间微孔结构松，故性脆，容易受热胀冷缩的影响。紫砂壶的老，靠的是养壶，只有通过调养，才能改变其弱点，成为一把真正的好壶。想仅仅靠时间

把紫砂壶放老，是不能达到岁月沧桑之美的。

　　紫砂壶的养护从选择购买时就已经开始了，紫砂壶的养护始于选壶，意味着紫砂壶的养护始于选美。如果选购的是一把劣壶，无论如何养护，都不会有效果，只有好壶才能越养越好。选择好的紫砂壶，首先要看其色泽，紫砂壶有朱、紫、棕、黄等色，烧制时恰好的火候可以使壶的泥面没有闪亮的细小白色银星，在自然光照下细看有几种反射的色光，反射的色光越丰富泥质越好，反射色光呆板而单一的不可能是好泥质。其次要观壶形，好的紫砂壶形体悦目，轮廓周正，线条流畅，比例协调。再次要察工艺，上品紫砂壶做工精巧细致，壶面光洁，格律严谨，无瑕可寻。

筋纹壶（朱泥，旧），茗壶奇石工作室主人熊艳军藏。

☁ 新壶的开壶

　　新壶的养护，也叫开壶。开壶并不是一种仪式，而是养壶的基础，目的是除去泥料的土味，清除壶内残留的砂粒和清除一些商贩的化妆，还可以疏通紫砂的气孔。？对老壶需要倍加呵护，但真正拥有老壶的人其实并不多，大多数人都是从新壶养护开始，因此对新壶的养护就成为养壶的重点。

新购置的壶往往不干净或显得粗糙，想要去除残留的矿砂，可用细砂布稍加摩擦，就会变得漂亮许多，但千万不能用粗砂布打磨，以防伤害紫砂壶的表皮。然后用水或布洗擦去表面的尘灰和内里的陶屑，在没有油的锅注入水，放入较多的茶叶，将新壶连同茶叶用小火煮沸，水开锅后改为小火，一小时后熄火，用余热焖壶直到茶水稍凉，再点火煮沸，如此再三，可使新壶土味尽去，也使新壶初次受到滋养。取出壶后，不要用冷水浇壶，以免骤然收缩孔径，前功尽弃。也不要用自来水，硬度大的自来水会把碱留在壶的里里外外，好像挂了一层白霜，非常难清洗。清洗的时候一定要避免使用洗涤剂等化学物品，如果新壶清洗的时候使用了洗涤剂等化学物品，包浆的结构日后可能就难以养成。完成此工序后，将新壶自然晾干，便可沏茶使用。注意，要记住开壶时所用的茶叶，以后这把壶就专门用来泡这种茶叶，否则就窜味了。

这种开壶的方法适合于泥土味不是很重的壶，方便易行。如果是泥土味很重的壶，可以先放入豆腐煮三十分钟左右，自然冷却

思亭壶（朱泥，陈友林作），2014年无锡市博物馆永久收藏。

后倒出。再放入茶叶煮三十分钟左右，自然冷却后倒出，然后使用。一般来说，用纯正的紫砂泥所制新壶，在使用前，为了除去土味，都要用开水反复烫洗几遍或先用茶汤烫煮一番，这样可使壶接受滋养，这就是开壶了。开出来的新壶，放置后没有泥土味，气味芬芳，泡出来的茶添香不少，尤其是想用紫砂壶泡普洱茶的藏友，可多花点时间用此方法开壶。

开壶以后，在使用的过程中，紫砂壶的表面难免有茶渍，把每次冲泡的茶汁或未喝尽的茶汤浇在壶的表面，用养壶笔在壶的表面经常刷洗，特别是茶汤倒出来后趁热的时候用没有油的干毛巾擦拭，经过日复一日的擦拭和淋洗，壶就会越用越光亮，称为亚光，制壶师傅叫做包浆，这种光亮是不会被高温高压冲洗掉的。另一种方法是早上用隔夜茶渣在壶体擦拭一遍，一来可以除去壶身的茶渍，二来可以通过茶水加速养壶的速度，日积月累，好壶久且色泽生，白水进入出汤如茶。

有时买到的新壶上面有打蜡上油的情况，这是有的商家为将紫砂壶弄得好看，用油手或油布擦拭壶身造成油光的感觉，称为"光"，但这是暂时的，用吸油纸擦后就会显出来了。遇到这种壶，就需要细心地把壶收拾干净再使用，否则会影响使用。对这种打蜡上油的紫砂壶，可以取一干净无杂味的锅，将壶盖与壶身分开置于锅底，注入清水高过壶身，用文火慢慢加热至沸腾。此步骤应注意壶身和水应同步升温加热，切勿将壶身骤然置入沸水中，以免造成壶的开裂。待水沸腾之后，取一把茶叶投入熬煮，数分钟后捞起茶渣，砂壶和茶汤则继续以小火慢炖，待二三十分钟后，以竹筷小心将茶壶起锅，静置退温。最后，再以清水冲洗壶身内外，除尽残留的茶渣，置于干燥且无异味处，待自然阴干后，即可正式启用。这种水煮法的功能是为了除蜡醒壶，亦可让壶身的气孔结构藉热胀冷缩而释放出所含的土味及杂质，若施行得宜，将有助于日后泡茶养壶。

新壶的养护各有高招，各有心得，上述并非唯一的方法，也并非是必要的程序。应该说，新壶到手，并不是所有的壶都需要走以上的保养程序，通常只需要洗净后，用开水泡上两次，即可沏茶，边泡边用茶巾擦拭，一个星期的沏泡即可产生一定的变化。

☁ 泡茶养壶浑圆脂润

　　茶汤养壶，即泡茶养壶法。不论新壶、旧壶，都可以采用泡茶养壶法来养壶。

　　首先要彻底将壶身内外清洗干净，以便看清紫砂壶的土质与做工，土质好的壶，泡茶的效果好，水软，甘香，有喉韵。愈古老的壶，泡出来的茶喉韵愈强，水质愈软。以泡红茶为例，用开水沏茶后，壶口泛出茶泡沫，用壶盖轻轻刮去泡沫，合上壶盖约一两分钟，把壶中的茶汤倒入有茶滤网的公道杯中，再把公道杯中的茶汤分倒到各个闻香杯或口杯中，然后再把小杯里的茶汤回浇在茶壶上，此谓茶汤养壶。此时壶体表面温度较高，可用湿毛巾或干净湿布擦抹壶体，水印旋擦旋干，反复多次。壶温稍降后，亦可用手摩挲，因手掌有油汗，有利于壶体光润。每天早晨清洗茶壶、茶具时，把壶中的茶渣取出，顺势将壶体周身润擦一遍，既可擦去壶身的茶斑渣痕，亦可使湿茶叶水磨一遍壶体，再用开水冲内外一两次即可放入茶叶冲泡。如此坚持三四个月后，新壶大体可发黯然之光。在施行泡茶养壶法时，有两点要特别注意：一是有的人在使用紫砂壶时喜欢用细绳将壶盖与壶把连接，其实这样反而容易损坏壶盖，万一细绳断

如意（紫泥，李秀君作）

掉或结头松开，壶盖就会摔碎。二是紫砂壶清洗时，避免有甩干水滴的错误动作，因为很可能会将壶体碰撞到水龙头上而导致损坏。

中国工艺美术大师李昌鸿先生这样评价泡茶养壶法：宜兴紫砂壶，经久用、久养的工夫培养，变成了浑圆脂润，方敦厚重，珠玑隐现，肌体丰满，亚光宝，似玉洁莹，像是撩开了神秘的面纱，看到了完美的造型美、材质美、工艺美的真容。一般来说，名家制壶，土质一定比普通的好，土质好的壶养起来特别快，质感也比较细致明亮，所以泡茶养壶法这种方法还可以作为紫砂陶鉴定的辅助方法。这种泡茶养壶法还可以用来整理其他紫砂壶，使其自发黯然之光，入手可鉴。

也有人采用另外的特殊方法养壶，即用黑瓦片碾磨的细粉包在多层纱布里，把茶汤浇在壶体后，立即轻轻擦摩壶体，使茶壶洁净光润。

219

🌀 紫砂壶的清洗

作为实用器具,紫砂壶保养中的清洗过程是必不可少的。从购买时就应考虑到紫砂壶的清洗。在挑壶时,应尽量选择没有上过油或腊的壶,因油和腊会蔽塞表面微气孔,对养壶不利。若有,可用热水加洗洁精除去。新买的壶在使用前,可以先放些茶叶用滚水泡一下,多泡几次更好,再里外刷洗干净,将壶内残留的砂粒彻底清除。用泡过的茶叶擦洗比较好,因为有些商贩在出售茶壶时,可能会给茶壶化化妆,用上面所讲的方法可以清除一些由此产生的异味。

泡养茶壶要用心,斟茶时要有正确手势,最好用食指轻轻摁住盖沿。平时喝茶时,可以用干净毛巾随手擦拭,不要将茶汤留在壶面,否则久而久之壶面上会堆满茶垢,擦拭以后会有浮光,玩家比较忌讳这种品相。一把养好的壶,应该呈黯然之色,这种光泽应该是内敛的。有些壶友趁壶身高热时,以沾有茶汤的棉布茶巾上下擦拭身,由于此时器表温度甚高,湿巾所含茶汤一拭随即挥发,留下可使壶身润泽的茶油,如此便可提高养壶的成效。

舍得壶(红皮龙,李秀君作)

喝完茶后，茶壶中最好不要留茶叶，要将其倾倒洗净。有些人为了在壶内形成茶山，使其看来更具古意，便将茶叶留存其中，任其阴干。这样把茶渣摆存在壶里来养壶的方式绝不可取。一方面茶渣闷在壶里易有酸馊异味，有害于壶，另一方面紫砂壶乃吸附热香茶味之质，残渣剩味实也无益于壶，特别是南方沿海地区高温多湿，霉菌极易孳生，若从卫生观点考量，此法实不足取。还有些人泡茶后只除茶渣，故意将最后一泡茶汤存于壶内阴干，日久累积茶山，直至下回使用前倒掉，认为此法可收内浸外养之效。殊不知，紫砂壶的气孔结构既擅于吸附茶汤，自然也易于吸收霉菌，以此养出的壶，只怕日后冲茶时亦会带有异味，甚至有碍健康，实在是得不偿失。虽然紫砂壶确实有隔夜不馊的特点，但隔夜的茶会有陈汤味。从卫生方面来讲，紫砂壶终究不是保险箱，而且茶泡后放置十小时后再喝，本身对身体就不利。

在养护过程中，壶面切忌沾上油污，不然碱光浮面，所谓和尚光。壶内壁吸收茶汁，经久增积茶锈，勿需除掉。若置久，壶内有异味，可先冲入沸水涤荡，随即倒掉，再用冷水涤洗即可。

开始养壶后，除非打算全面洗净，重头养起，否则应避免用洗碗精之类的化学品去清洗，以免产生异味或刷去光泽。壶身若有脏污，不妨以干布拂净或用软毛笔沾茶汤清洗之。清洗壶的表面时，可用手来擦洗，再用干净的细棉布或其它较柔细的布擦拭，然后放于干燥通风且无异味之处阴干。紫砂壶造型变化多端，有些如花货、筋纹器较容易产生茶渍死角，可用软毛牙刷勤加清理。另外壶底较不易接触到茶汤，壶把常含有手上的油脂易排斥茶汤，还有会流口水的壶嘴下沿应刻意擦拭，诸如此类小细节，皆赖壶主用心照顾。久而久之，主人自会与这把壶发生感情。

如果购买了一把二手壶、老壶、旧壶或出土壶，处理上则需较为谨慎。因为不知道此壶的前任主人是何许人也，也不知道此壶过去是什么情况，所以，不仅出土壶需大清特清，老壶、旧壶亦然，因为很多人喝茶不用茶杯，是直接以口对壶嘴的，还有些人家习惯用茶壶装酱油、香油，甚至某些壶商用墨汁、鞋油、盐酸将紫砂壶刷染作旧。不管是从什么渠道得来的旧壶、老壶，都得要好好清洗一番，来个改头换面，再从头泡养。当然，如果仅仅作为收藏鉴赏的古壶古物，不用来泡茶喝，就没有必要去改头换面，留下美感也是体现老壶黯然之光的具体证明。

旧紫砂壶的清洗，通常不采水煮法，因为旧壶或许隐含有龟裂、修补的暗伤，水煮法不啻为过量的猛药。通常的做法是，先取一干净的锅盆，将温热过的旧壶置入，注入热水使其淹过壶身，再混入漂白水，如此静置一小时后取出，如果觉得还不放心，可以延长时间。然后再用刷子反复刷洗，将壶内外刷净，直到其重现庐山真面目。需注意的是，漂白水对人体有轻微的腐蚀作用，且其渗透力甚强，需充分洗净，方可泡茶。

紫砂壶长期不用，或因疏忽未能及时将茶渣倾出而发生霉变或产生异味，可在清除霉变异味茶渣后，注满开水，稍晃数下倾出，旋即没入凉水之中，则异味可除。若一次不行，可反复二至三次，不用担心茶壶会因热凉急变而发生爆裂。这是古人所记载的养护方法：壶宿杂气，满贮沸汤，倾即没冷水中，亦急出水泻之，元气复矣。

紫砂壶最怕沾上油污，搞得脏兮兮的。若沾上油污，可用手摩挲擦去，油污过重，亦可用细布稍沾洗涤剂轻轻擦拭，然后再用手摩挲，让壶体发光，现出本质美感。切不可揠苗助长，用油剂或茶水涂抹，产生和尚光。

养壶，看起来很琐碎，其实养壶人乐在其中。对于初入者，养好一把紫砂壶并没有想象中的那么困难，只要按照养壶的注意事项细心实施，即可养成一把人见人爱的好壶。有经验的养壶人说道："养好的壶摆置架上，温润的光泽便像是自己的心血结晶，那份成就感可不是局外人所能体会的。"

☁ 一把壶只泡一种茶

　　一个人专注干一件事，可将事情做到极致；一个人专情一个人，就创造了可歌可泣的爱情故事。一把壶只泡一种茶，其实泡的已不仅仅是茶，而且泡的是人生。养壶人应该知道，养壶不只是养外表，壶身内壁亦应一并调养，方能收内外兼修之功。养壶的内功最重要的就是：一把壶只泡一种茶。紫砂壶具有特殊的双气孔结构，善于吸收茶汤，一把久经使用的紫砂壶，即使不加茶叶，单用沸水亦能冲出淡淡茶汤来，一把不事二茶的茶壶冲泡出的茶汤才能保持原味的鲜度与纯度，否则今天绿茶，明天普洱，后天红茶、花茶，容易茶味混沌，把壶养得不伦不类。重视紫砂壶保养或者对茶道讲究的人最好多备几个好的紫砂壶，以供泡不同类别的茶，喝某一种茶叶

八卦束竹（黑星土，450CC，张金山作）

贵妃壶（紫红泥，200CC，张金山作）

时只用指定的一个壶，自己加以识别。

新购买的壶讲究新泡，先要决定此壶泡哪种茶，是重香气的茶，还是重滋味的茶，讲究的人都应有专门备泡的壶。沏泡绿茶，可选用矮形壶，身矮口必敞，因为绿茶是未发酵茶，叶绿素没有破坏，不宜深焖，茶汤澄碧新鲜，更显色香味的佳趣。泡用红茶，宜用壶身高盖口小的壶，因为红茶是发酵茶，焖功足，更觉茶香蕴藉。喜欢工夫茶，则选择水平壶，容量在 80 毫升左右。沏泡乌龙茶，如铁观音、大红袍、包种茶之类，则可视饮茶人数的多少选用适量的紫砂茶壶。要精心挑选不同类型和不同香味的茶叶，配合不同温度的水，养壶之色泽，养壶之香气。茶汤养壶后，可使这类茶壶越发光泽，经久使用、养护得法，包浆自然形成。

🌀 紫砂壶保养要点

紫砂壶一旦购入，养护就非常重要，应该经常使用、把玩和保养。紫砂壶属于娇贵型藏品，它能"裹住香气，散发热气"，久用能吸收茶香，更能散发油润光泽，但前提条件是要保养得法。有人说紫砂壶用得愈久愈值钱，说的就是这个道理。尤其是上品的旧壶，千万不能将紫砂壶束之高阁，湮没它的光辉，也要避免护理失当，否则就可能浪费或破坏了它的优点。

紫砂壶的保养应特别注意以下要点：

一、紫砂壶的养，主要靠茶叶来养，一般选用绿茶，最好选上档次的绿茶，越是精品紫砂壶，越要用上等茶来养。

云肩如意（紫泥，200c，张金山作），获第十届国际茶文化节银奖。

二、紫砂壶收藏家是不会把形态各异的壶囚放在橱架上的，真正的爱壶人会定期用不同的紫砂壶挨个沏茶，特别是古旧茶壶，要舍得用。

三、泡茶的水也不可忽视，最好用山泉或矿泉水。

四、在冲泡的过程中，先用沸水浇壶身外壁，以暖壶身，然后再往壶里冲水沏茶，也就是常说的润壶。若使用茶船，应注意将壶身略微垫高，使其圈足高过水面，以免壶身留下水线或不均匀的色泽。

五、冲出一泡较浓的茶汤，再以软性毛笔或养壶毛刷沾此茶汤反复均匀涂布于壶身，藉以提高其接触茶汤的时间与频率。也有的人是将第一泡的温润泡茶汤盛置茶海中备用，待冲第二泡时再用此茶汤浇淋壶身外表，如此反复施行至全程结束。由于紫砂壶身具较高的气孔率，因热胀冷缩的关系，遇热时气孔相对扩大，此时用棉质布巾趁机擦拭壶身，让茶油顺势渗入壶壁细孔中，日久便可累积出光泽。

六、每泡茶冲至无味后，应将茶渣倒净，用热水将壶内壶外涮洗一次，涤去残汤，以保持清洁，合乎卫生。洗壶时，不要洗掉壶内的茶垢，以养壶之灵气。

七、每次用完后，用纱布吸干壶外面的水分，接着倒出壶内的三分之二的茶叶，留下约三分之一，冲进沸水，两三次，冲过的水留用，然后清理干净所有的茶叶，将冲过的水均匀浇在壶上，最后用布轻轻擦干。

八、紫砂壶泡一段时间要有休息的时间，一般晾干三五天，让整个壶身（中间有气孔结构）彻底干燥。晾干，也叫风干，倒出茶叶和茶汤后用水清洗，自然风干即可。

九、风干时，将壶盖取下侧放，将茶壶倒扣过来，以利风干，因为侧把和壶口不在一个面上，可以有空气流入，同时不会有积水留在壶内，下面放一块面巾纸或者小手绢。注意勿将壶盖密封，否则因紫砂壶的口盖密合度较严谨，若任其密封阴干，很不卫生。

十、在紫砂壶的保养的过程中，要始终保持壶的清洁，勿放近多油或多尘埃的地方，尤其不能让紫砂壶接触油污，保证紫砂壶的结构通透。

十一、经常擦拭的同时，还要用手不断抚摸，不仅手感舒服，且能焕发出紫砂陶质本身的光泽，浑朴润雅，耐人寻味。

十二、如果壶暂时不用，应将壶用沸水将壶身内外淋烫一下，如此既可净壶去霉，亦可暖壶醒味，然后用清水洗净，壶身内外擦干，使其不积湿气，存放在空气流通的地方，保持壶内干爽，勿积存湿气。

十三、壶内勿常常浸着水，应到要泡茶时才冲水。

十四、紫砂壶不宜放在闷燥处，更不可以为珍贵，将其包裹或密封起来。

十五、一般来说，一把新壶养两至三个月即可，然后将壶洗净晾干，放置入盒收好就可藏起。

十六、切勿用洗洁精或任何化学物剂浸洗紫砂壶，否则会把茶味洗擦掉，并使外表失去光泽。

十七、有些藏友急于求成，发明了一种快速养壶法，把壶置于水锅中与茶叶反复细火慢煮，或用半壶浓茶置敞口容器中，放入微波炉多次加热焙制茶精涂擦。这种养壶法会适得其反，终不及常加摩挲把玩。紫砂壶的养，其实是一种慢养，养壶人对它倾注的感情越多，紫砂壶就越发如玉般光润古雅。

十八、在泡养过程中，切记不要太心急，千万不要用有细金刚砂颗粒的抛光布之类的材料擦，这样很容易伤及表面，留下划痕，从而破坏紫砂质感。比较好的方法是用粗硬的棉布擦拭，清洗时用尼龙刷。不要太用力，以免不小心戳坏茶壶。

养壶是心急不得的，不然的话会事倍功半。养壶的每个细节都不能马虎，但每个细节的操作也都可以成为一种享受，至少要有了这样的感觉，才算是真正明白了养壶的意义。

☁ 养壶如养性

一把养好的紫砂壶，应该呈黯然之色，光泽内敛，如同谦谦君子，端庄稳重。养壶的目的在于使其更能涵香纳味，并使紫砂壶焕发出本身浑朴的光泽。新壶显现的光泽往往都较为暗沉，紫砂天生具有吸水性，若任其吮吸壶内的茶水，时间久了，便能使壶色光泽古润。如果养壶的方式得当，就能养出其晶莹剔透、珠圆玉润的效果。因材质的特点，紫砂壶的使用表现出一种其他器皿所无法企及的优点，那就是它与使用者能进行感情交流，对它倾注的感情越多，常加摩挲宝爱，它对养壶人的回报也越深沉，越发可爱，光润古雅。养壶

福颖壶（底槽
清，高建强作）

是茶事过程中的雅趣之举，其目的虽在于壶，但真正的主角仍是人。养壶即养性，壶之为物，虽无情无感，但透过泡养摩挲的过程，紫砂壶以其器面的日渐温润来回报主人对它的恩泽，是一种人与器的情感互动。茶之道旨在怡情养性，所以养壶的方式亦应符合此一精神，循序渐进，戒骄戒躁，如此养成的壶才可温润可亲。

养壶有外养与内养之说，只有内修外养，才能养出好壶。外养就是要勤泡茶、勤擦拭。泡茶时，壶的温度较高，壶壁上的细孔会略微扩张，此时要用细纱布擦拭氤氲的水汽，让茶锈顺热吸附于壶壁之中，久而久之，壶壁就逐渐润滑了。内养的关键是一壶不事二茶，因为紫砂壶有特殊的气孔结构，善于吸收茶汤，一把不事二茶的茶壶冲泡出来的茶汤才能保持原汁原味。

紫砂壶经久使用，壶壁积聚茶锈，沸水注入空壶，也会茶香氤氲，这也能看出紫砂壶的品质来。养壶不仅要有钱有闲，更要有心，其实不论是制壶、买壶还是养壶，与之相关的个人气质都会随之转变。养壶人的壶不是盛茶用的，而是贻养的一种情致。如此长年养壶，养到后来，怕已分不清养的是壶的气质，还是自己的气度了。如此说来，养壶也可以说是养气质，洗壶也便是洗性情。正如一位藏家说：我们何尝不能用养壶的心情，让自己去学壶之有容而又不急于盛满的气度呢？以岁月为茶，当岁月流逝，我仍如壶，有着茶也带

不走的余香。通过养壶，还能辨别茶壶的好坏，泥质不好的茶壶是很难养出来的，而好品质的古壶和真正的名人壶，则会越养越有精神，越发可人可意。若其目的纯属保值升值之用，那就另当别论了。

☁ 紫砂壶的收藏保存

紫砂壶可以耐高温高湿，对其保藏环境的温度湿度要求不高，但是最怕磕碰或坠摔。万一失手，轻者器具产生裂缝、米口，重者器盖或整器破碎，势必造成藏品贬值，甚至一文不值，所以保藏的关键在于防止磕碰和坠摔。保藏紫砂陶最好用单件或成套制作的锦盒或木盒，盒子的大小要适宜，既方便拿取，又不能太大，以免行携时器具在盒内晃动而受损。木盒表面不要油漆，以防止长时间不动而致使油漆与藏品表面粘连，拿取之时对藏品造成损伤。如果要展示，应尽可能陈列于有玻璃门的橱柜内，比敞开式的百宝架要好，后者容易使藏品积蓄灰尘，对藏品不利。橱柜的托板、支架，以木质制件为佳，这样拿放藏品时对藏品的冲击力较小，托板、支架表面亦不宜油漆或刷抹涂料。

紫砂壶收藏过程中总免不了要拿取或移动，此时应该注意下列操作规范：

一、必须先清洗双手，以免手上有油腻而在拿取时致使藏品失手滑落摔坏。

二、应在光照充分的时间内拿取或移动，以防因场所昏暗而使藏品受损。

井权竹简壶（绀青砂，徐美萍作）

　　三、移动藏品前应该清理途经的通道，预防藏品被异物碰撞或者持物人被绊倒而伤及藏品。

　　四、拿取或者移动紫砂壶时，必须使用正确的手法，应该轻拿轻放，不可粗手粗脚。

　　五、应该双手托持或双手捧持，不可单手提拿。

　　六、不得捏拿藏品的耳、环部分，或者仅仅捏拿壶把，不得捏拿藏品的突起或者浮雕部分。

　　七、对有盖的紫砂壶藏品等提壶观赏或察看底款时，应该用手连盖一起捧住，或者将盖取下暂置一旁。

　　八、藏品切忌在两人之间手递手地传递，必须等一人将藏品放稳在桌面或柜面后，另一人再拿取，以防直接传递时两人配合不好而将藏品摔坏。

　　拥有一把紫砂壶，无论新旧古今，都需要养护，并可以通过养来形成岁月沧桑美。早在明代，紫砂壶收藏家周高起就说："壶经用久，涤拭日加，自发黯然之光，入手可鉴。"这是经验之谈，也是用壶养壶的根本之法。经过精心养护的紫砂壶，可以达到包浆如骨似玉，沉静安详，光泽内敛，如谦谦君子。在养壶过程中，最终达到人壶对话，乃至人壶合一。

（京）新登字083号

图书在版编目（CIP）数据

紫砂壶里的中国/沈泓著. —北京：中国青年出版社,2017.7

（最美中国）

ISBN 978-7-5153-4812-4

Ⅰ.①紫... Ⅱ.①沈... Ⅲ.①紫砂陶–陶瓷茶具–介绍–中国 Ⅳ.①K876.3

中国版本图书馆CIP数据核字（2017）第164623号

出版发行：中国青年出版社

社　　址：北京东四十二条21号

邮政编码：100708

网　　址：www.cyp.com.cn

责任编辑：宣逸玲 xuanyiling@126.com

编辑部电话：（010）57350508

门市部电话：（010）57350370

印　　刷：鸿博昊天科技有限公司

经　　销：新华书店

开　　本：700×1000 1/16

印　　张：15

插　　页：1

字　　数：180千字

版　　次：2017年7月北京第1版 北京第1次印刷

定　　价：42.00元

本图书如有印装质量问题,请与出版部联系调换

联系电话：（010）57350337